华夏文库·佛教书系

持盈守成

明清时期佛教

熊江宁 著

大地传媒 中州古籍出版社

《华夏文库》发凡

毫无疑问，每一个时代都有属于自己时代的精神追求、文化叩问与出版理想。我们不禁要问，在21世纪初叶，在全球文明交融的今天，在信息文明的发轫初期，作为一个中国出版人，我们正在或者将要追求什么？我们能够成就或奉献什么？我们以何种方式参与全球化时代的文化传播进程？在一连串的追问下，于是，有了这套《华夏文库》的出版。

自信才能交融。世界各大文明在坚守自身文化个性的同时，不约而同地加快了探视其他文化精神内涵的步伐，世界不同文明正在朝着了解、交流、碰撞、借鉴与融合的方向前进。在此背景下，建立自身的文化自信，正是与世界各文明民族进行文化交流的基本要求。五千年中华文明与文化正在不断地被其他文明所发现、所挖掘、所认知，汉语言正在生长为世界语言，儒文化正在世界各地生根发芽。

借助这样一种正在成长着的文化自信、自觉、开放、亲和之力，用我们这个时代的学术眼光全面系统梳理中华五千年的文明与文化，向其他各大文明与文化圈正面展示自我，让中华优秀文化成为世界文化的重要组成部分，正是我们出版这套文库的目的之一。此其一。

知己才能知彼。身处五千年文化浸润的今天，重新思考我们先人的人生思考、价值思考与哲学思考，找到一个民族、一个国家的价值所在、立命所在、安身所在，这已经是我们这个时代的学人与出版人不得不再思考的问题。作为中华文明的一分子，我们在思考的同时，还必须了解我们的先人创造了如何优秀的精神文明与物质文明以及社会文明。只有熟知自己的文化，热爱自己的文化，悟明自己的文化，我们才能宣说自己、弘扬自己、光大自己。因此，我们策划组织这套《华夏文库》的初衷，还在于让当下的知识青年全面系统瞭望中华文明与文化的全景，并借此能够对更为深广的世界各民族文化提供一个比较认知的基础。此其二。

顺势才能有为。我们正处在农耕文明、工业文明、信息文明的交汇处，信息文明带领我们从读纸时代进入读屏时代，以智能手机屏幕为代表的书籍呈现方式正在与纸质书籍争夺阅读时间与空间。我们正在领悟数字技术，正在以信息文明的视角，去整理、分析和研究农耕文明与工业文明的文化遗产，不仅仅是为了唤醒优秀的传统文化，我们还在生发和原创着当今时代的文化。由此，我们试图架起一座桥梁——由纸质呈现而数字呈现，由数字呈现而纸质呈现，以多媒介的书籍呈现方式，将文字、图像、声音与视频四者结合，共同筑成《华夏文库》以奉献给信息文明时代的新读者。此其三。

总之，这是一套——专家大家名家写小书；以最小的阅读单元，原创撰写中华精神文化、物质文化与社会文明系列主题与专题；以图文、音视频多媒介呈现的方式，全面介绍与传播中华文明与优秀文化，系统普及与推介中华文明与文化知识；主旨是为了让世界与中国共同了解中国的——大型丛书，借此，复兴文化，唤起精神，融入世界。

耿相新

2013 年 6 月 27 日

目录

小知识目录

序言

治乱之间法音长

明清时代是中国君主统治的末期，在西方列强入侵之前，中国社会相对稳定，佛教在中国的发展没有出现大的曲折。然而，随着鸦片战争的爆发和社会的动荡，佛教一度走向式微，直到民国时期才开始出现复兴。

元朝末年，由于民众对元朝统治的不满，爆发了大规模的农民起义。经过多年征战，朱元璋于1368年称帝，以应天府（今南京）为都城，国号大明，年号洪武，建立了明朝。不久，明军攻占元朝大都（今北京），元朝灭亡。

明朝建立后，明太祖朱元璋采取了一系列措施，如减轻农民负担，恢复社会经济生产，惩治贪官污吏，起到了一定的效果。他通过集权手段，不仅维护了中央政权的稳固，对于佛教也建立了比以往朝代更为严格的管理制度。

燕王朱棣登上帝位后，于永乐十九年（1421年）迁都北京，开始了后世所称的“永乐盛世”。明成祖朱棣对佛教采取支持政策，因此

达摩执鞋像

明代德化窑制造，此像来自达摩“只履西归”的传说。据说，达摩去世3年后，有人在葱岭遇到提着一只鞋的达摩，问：“何处去？”答：“西天去。”后来掘开达摩墓，果真只有一只鞋

北京得以遗留多处明代寺院遗址；他还与日本、朝鲜等周边国家保持着往来，使得佛教在海外的传播、影响也日益扩大。

正德年间（1506～1521年），明朝国力中衰。直到万历年间（1573～1620年），明神宗朱翊钧在内阁首辅张居正的辅政之下实行改革，明朝再度中兴，史称“万历中兴”。在这一时期，佛教的发展较为平稳。

明朝经济文化在中国历史上属于发达阶段，经济规模在当时可称世界第一，无论是铸铁、造船、建筑等重工业，还是丝绸、纺织、瓷器、印刷等轻工业，在世界上都享有盛誉。同时，出现了徐光启、宋应星、徐霞客、冯梦龙等一批科学家、地理学家和文学家，使得明朝的科技水平也位居世界前列。

明朝诗文数量浩如烟海，绘画艺术也得到极大发展。明代初期，宫廷画家占据画坛主流。其后，江南画家沈周、文徵明、唐寅、仇英并称“吴门四家”，广泛吸取了唐、五代、宋、元诸派之长，形成了各具风格的绘画流派。佛教造像和佛教绘画在此时期也得到了进一步的发展。

明朝文学以小说达到的艺术成就最高，产生了大量以历史、神怪、公案、言情和市民日常生活为题材的长短篇小说。长篇小说《三国演义》

《水浒传》和《西游记》都是中国文学史上的巨著。明朝短篇小说的创作也十分兴盛，一些文人加工改写了宋元话本，还创作了拟话本等短篇小说。佛教在当时的传播也受到这些艺术形式的影响，出现了大量的善书与宝卷，以适应世俗化的需要。

万历四十六年（1618 年），后金汗努尔哈赤（1559 ～ 1626 年）以“七大恨”告天，誓师叛明。崇祯年间（1628 ～ 1644 年），连年灾荒，明廷因财政紧张而无力镇抚，人民纷纷揭竿而起，后金（清）的军队也突破长城防线，五入关内，明朝开始走向衰亡。崇祯十四年（1641 年），李自成攻陷洛阳。崇祯十七年（1644 年）三月十八日，起义军攻克北京外城。次日，崇祯帝在北京煤山自缢，明朝作为统一的中原王朝结束。

此后，驻守山海关的明朝将领吴三桂投降清朝，清朝摄政王多尔

“阳山问碑”石碑

南京阳山碑林景区。阳山碑林又名孝陵碑林，是明成祖朱棣为颂扬其父朱元璋功德而凿的

衮指挥清军入关，打败了李自成的大顺农民军。同年，清顺治帝迁都北京。入关后 20 年时间里，清朝先后灭亡大顺、大西和南明等政权，基本统一全国。

清朝初年，为了缓和社会矛盾，清政府实行奖励垦荒、减免捐税等政策，使得内地和边疆的社会经济都有所发展。康熙年间（1662 ～ 1722 年），中原地区的战争基本结束，清政府为巩固政权，又通过了一系列的文治政策。康熙中期以后，因战乱而遭到严重破坏的手工业逐步得到恢复和发展。

清政府对于边疆地区的管理与对佛教政策的制定联系在一起。1792 年，清政府打退了廓尔喀对西藏的进犯，乾隆五十八年 (1793 年)，清朝中央政府制定和颁行了《钦定藏内善后章程二十九条》，对西藏地方的人事、行政、财政、军事、对外关系等各方面都做了明确规定，并以法律的形式予以确定。其主要内容包括清政府确定西藏各大活佛包括达赖喇嘛、班禅额尔德尼去世后认定转世灵童和批准继位的大权，一切西藏涉外事宜均由驻藏大臣全权处理等。

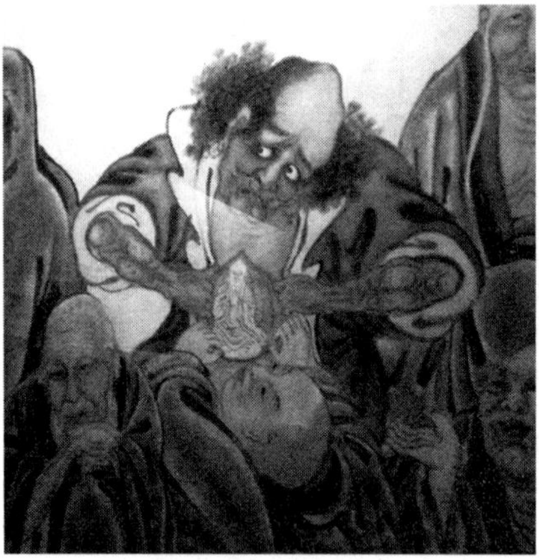

十八罗汉图（局部）

清代画家冯琳所绘的佛教绘画，反映了清代佛教艺术

乾隆年间（1736 ～ 1795 年），江宁、苏州、杭州、佛山、广州等地的丝织业都很发达，江南棉织业、景德镇瓷器业的发展都达到了历史高峰。到 18 世纪中叶，清朝中央集权专制体制更加严密，国力强大，秩序稳定，人口增加到 3 亿左右，

中国的封建经济发展到一个新的高峰，史称“康乾盛世”。在文化上，中国文化史上几部集大成之作都在这一时期得到编纂，如《四库全书》《古今图书集成》等，对整理和总结中国历史文化遗产做出了重大贡献。

清政府大力尊崇儒学，按历代汉族王朝的传统开设科举。但是清廷历代帝王、后妃中，信仰佛教者大有人在。虽然清朝佛教在教派和义理上没有得到大的发展，但是佛教从帝王到民间的普及程度却得到大大强化，并且在三教合一的思潮下出现了居士佛教。

鸦片战争之后，晚清的统治逐渐走向终结，中国社会陷入了水深火热之中。清宣统三年（1911 年），辛亥革命爆发，次年，宣统帝正式下诏退位，清朝灭亡。中国历史进入近代时期。

从 1368 年到 1911 年，近 550 年的明清历史，是中国君主统治最后的余晖。在这数百年的时间里，佛教在缓慢地发展，并且与中国的社会、民众融合得更加紧密。

一 诸宗合流善同归

——佛教发展

从汉末到明清，佛教在中国经过了上千年的发展，已经基本上获得政府的认可与支持。明清两代的帝王们，对于佛教总体上采取了扶持的政策，而完全融入中国文化的佛教逐步世俗化，各个教派之间也具有明显的融合趋势。

1. 以佛法善世
——明朝的佛教政策

明朝建立后，明朝统治者吸取元代灭亡的教训，加强中央集权统治的同时，也对佛教进行了严格的控制与管理，建立了一系列有深远影响的佛教制度。

明初的佛教政策

明初，明太祖朱元璋与明成祖朱棣都对佛教采取了保护与支持的政策。在历代著名帝王中，明太祖朱元璋与佛教的缘分可谓特别深厚。朱元璋登基以后，经常怀念自己年少时曾在寺院中度过的时光，并且对佛教采取了一系列政策。

开国之初，朱元璋认为四海征战导致死亡人数众多，只有佛教才能度化这些亡灵。他特别仰重佛教超拔与教化的功能，多次召集僧人举行法会。洪武元年（1368 年）九月、洪武二年（1369 年）三月，朱元璋曾两次下诏延请江南的戒德名僧做隆重的超度法会，并亲自带领群臣向佛菩萨顶礼膜拜。洪武三年（1370年），因对鬼神之事存有疑问，朱元璋又特别诏请了16位法师，在金陵大天界寺为自己讲经说法。

朱元璋除了重用僧人外，还特别为自己的皇子们挑选高僧做辅侍、诵经荐福。在政事之余，朱元璋常到寺庙里和出家人聊天，借此舒解心头的疑问与烦恼。他广泛结交天下名僧，比如曾被元顺帝赐以“佛日普照慧辩禅师”称号的楚石梵琦禅师、被赐以“寂照圆明大师”称号的金璧峰禅师，以及中天竺的高僧具生吉祥、普陀高僧怀信等，朱元璋都给予特别的礼遇，并常有诗文馈赠。

虽然对于佛教具有深厚的感情，但是作为一个帝王，朱元璋在政治上推崇儒、释、道三教并举的政策。他对于三教关系有自己的理解，他主张中国传统的儒家伦理纲常可以作为万世永赖的准

《大明诏旨》碑

河南济源济渎庙内，朱元璋御笔题写的碑文

则，应当以儒治世，而佛、道二教以因果报应等说法来警示世人，对于江山社稷有暗中的帮助，应当以佛治心。对于国家的长治久安，三者互相补益，不可或缺。因此朱元璋极为重视佛教的辅政作用，他把佛教的事情当作朝中大事，对佛教制度、僧寺清规做了许多整饬，企图以此来整顿僧团，达到他振扬佛法以善世的目的。

为了加强朝廷对佛教事务的管理，洪武元年（1368 年），朱元璋在南京天界寺设立善世院，命临济宗杨岐派高僧慧昙（1304 ～ 1371 年）管领佛教，又置统领、副统领、赞教、纪化等员，来负责全国各名山大刹住持的任免。洪武三年（1370 年），朱元璋召集各地僧众，将全国佛教寺院划分为禅、讲、教三类，以便于统一管理及督促僧人专心办道。其中禅寺就是讲求“不立文字”，专求“明心见性”的禅宗寺院；讲寺则包括禅宗外的各个宗派，是主要从事于弘扬诸经义旨，并依之修持的寺院；教寺为专修瑜伽教法及应付各类佛事的经忏寺院。洪武十四年（1381 年），朱元璋还规定了不同僧人的服装：禅僧着茶褐常服、青绦玉色袈裟；讲僧着玉色常服、绿绦浅红袈裟；教僧着皂常服、黑绦浅红袈裟，这成为明代佛教制度的一大特色。洪武十五年（1382 年），朱元璋仿照宋朝的制度，在南京设僧录司，有左右善世、左右阐教、左右讲经、左右觉义等职，由礼部任命；各府设僧纲司，州设僧正司，县设僧会司，督导僧众行仪并主管考试等事务。

在僧人的度牒和考试上，朱元璋在洪武五年（1372 年）曾下诏对各地僧人普给度牒，废除过去的免丁钱。到洪武十七年（1384 年），他采纳礼部尚书的建议，规定每三年发度牒一次，并加考试，不通经典者予以淘汰。

为了整顿僧团秩序，洪武二十四年（1391 年），朱元璋制定颁布了影响深广的《申明佛教榜册》。在《榜册》中他要求各地僧司对天下僧寺进行整饬，如果有僧人想还俗，可以听任还俗，但如果是出家僧人，则要恪遵戒律清规，不得违背。此外，《榜册》还明确了僧人诵经的仪式，以及对于施主布施金额的规定。3 年后，即洪武二十七年（1394 年），朱元璋再次下旨颁布了 9 条榜文，包括不允许僧人以化缘为由，强行索要捐助，不许僧人交结官府等内容。

从这些法令可以看出，僧侣只能从事与佛教信仰有关的活动，其他俗务，特别是聚敛财富、干预政事，是绝对不允许的。朱元璋还废除了元代以来喇嘛教在内地的特权，但并没有中止喇嘛教与内地的联系。他继续给喇嘛以优厚的礼遇，并以此作为皇权中央管辖西藏地方的重要渠道。洪武六年（1373 年），前元帝师喃加巴藏卜入朝，朱元璋赐以“炽盛佛宝国师”的称号；次年，藏传佛教萨迦派第五代祖师八思巴（1235 ～ 1280 年）的后代公哥监藏巴藏卜入朝，也被尊为帝师。朱元璋还设置西宁僧纲司，由喇嘛任都纲；在河州设立了番汉二僧纲司，由藏僧任僧官。

朱元璋很重视佛教经典的整理、流通与讲习。洪武五年（1372 年），他召集江南名僧至南京，启建“广荐法会”，组织力量点校、刻印藏经，到洪武三十一年（1398 年），共收录佛典 1600 余部，7000 多卷，史称“洪武南藏”。朱元璋还亲著《集注金刚经》，并多次下诏命天下僧人讲习《心经》《金刚经》《楞伽经》，对禅宗在明朝的发展起到了重要的作用。

朱元璋对于佛家的因果学说深信不疑，并且非常注重对佛学理论的研讨。他经常与大学士宋濂等一起讨论佛教经典，他个人尤其重视般若类经典，比如《金刚经》等，他对般若空性的理论有很深的理解。他认为朝廷应大力推动佛法的流化，对于毁法谤佛者要加以严惩，同时对佛家救世的慈悲与功业，要通过法律来加以保障和规范，并优加礼遇，以示尊重。对于历史上的“三武灭佛”事件，朱元璋认为这样的行为因果深重，并且会遗臭万年。

明成祖朱棣自燕王时代起，以元末明初的政治家、高僧道衍（1335 ～ 1418 年）为谋主，发动“靖难之变”，经过 4 年战争而夺取帝位。为此，明成祖对于佛教有所偏护。明成祖即位后，论功以道衍为第一，他不仅恢复道衍俗家的姚姓，赐名广孝，还允许他常居僧寺，人称“黑衣宰相”。永乐十八年（1420 年），明成祖朱棣为《法华经》作序，颂扬佛教功绩，他还亲自撰写《神僧传》，树立僧人形象。朱元璋所著《集注金刚经》现已经亡佚，但是明成祖朱棣的《金刚经集注》流传到现在，具有一定的影响，这父子二人对于佛经的推崇奠定了明代佛教发展的基础。

南京灵谷寺

灵谷寺原址在钟山南麓独龙阜上，始建于南朝梁代，内葬名僧宝志和尚遗骨，造有志公塔，唐代更名宝公禅院，南唐改称开善道场，北宋称太平兴国寺，明初改名蒋山寺。明洪武十四年（1381 年），朱元璋为建明孝陵，把蒋山寺及志公塔迁到今址。“灵谷寺”名由朱元璋亲自拟定

永乐大钟

铸于明朝永乐年间，由明成祖朱棣下令铸造的青铜大钟。钟身内外整齐地铸有佛教经咒 100 多种，总计 23 万多字，由汉、梵两种文字组成。鸣钟祈福是当时人们的一种重要祝愿方式

明朝中后期的佛教政策

明朝的佛教政策，经前两代奠基，此后并无太大变化，但由于政治经济上的多种因素，也时有摇摆。佛教的发展也随着帝王的换代、帝王对宗教态度的不同而高低起伏。

明初朱元璋曾一度废除僧侣免丁钱，免费发给度牒，但对剃度仍然严加限制，如规定 3 年发牒一次，男子不到 40 岁、女子不到 50 岁的，不准出家，出家者必须经过考试，各州县寺院和僧尼数目也有限额……

但是这一系列的措施，无法禁止私度行为的发生，还刺激了民间宗教社团的发展，甚至威胁到明王室的安全。比如建立于南宋的白莲教，到万历年间得到了迅速发展，教主率众叛乱，虽然后来被镇压下去，但是对于明代社会也是一个不小的冲击。

到了明朝中期，情况发生了变化，明代宗于景泰二年（1451 年）开始卖牒救灾，明朝后世沿袭了这一做法，一直延续到明末。由此导致僧尼数量剧增，寺院广泛建立。据统计，成化十七年（1481 年）前，京城内外的官立寺院已多至 639 所，后来还陆续有所增建。成化十二年（1476 年）度僧 10 万，成化二十二年（1486 年）度僧 20 万，其时全国僧侣数量达到 50 万左右。

到明仁宗和明宣宗时期，提倡朱子学的这两代帝王温和地延续了明初以来对于佛教整饬、限制的基本态度。宣德元年（1426 年），朝廷重申遵守“祖宗之制”，考试发放度牒，并严格限制名额。宣德二年（1427 年），朝廷再次强调要严格遵守永乐时期关于各州府县寺庙限额的定制，而且僧道行童需要等待 5 年后方可考试，如果精通经典，才可给予度牒，同时又申明限制妇女以及年少男丁出家。

释迦牟尼坐像

明代镏金铜制造的佛陀塑像，工艺精湛

到了明正统前期，因为皇帝年幼、由老臣把持朝政，延续了仁、宣的各项政策，包括对待佛教的态度，遵循宣德时既定的对京师诸寺番僧的清理政策，并对附法外道加以整治。正统中后期，朝政混乱，宦官王振专权，大兴佛事，他还兴建了私家寺院智化寺。此后，宦官建庙的风气在明朝盛行起来。

明成化年间（1465 ～ 1487 年），方术、迷信盛行。弘治年间，明孝宗以纠正成化旧弊为由，采取严厉管束释道的态度，并有汰佛的言论，表现在重申寺额限制并支持拆除私创寺观。后来明孝宗自己也沉溺于方术，对于正统佛教的扶持与限制都有所忽视，而民间的居士佛教逐渐发展起来，佛教的世俗化倾向也愈加明显。

小知识◎从僧人到帝王的明太祖

明太祖朱元璋(1328 ～ 1398 年)，幼名重八，又名兴宗，号国瑞，濠州钟离（今安徽凤阳东北）人，明朝开国皇帝，在位 31 年。朱元璋自幼家贫，为地主放牧牛羊。元至正四年(1344 年)，淮北大旱，瘟疫流行，由于父母、兄弟相继去世，17 岁的朱元璋入皇觉寺为僧，拜释高彬长老为师，落发进入佛门。朱元璋入寺时，身体瘦弱，还生着病。进到皇觉寺之后，由于有正常的饮食供给、调养，身体逐渐强壮起来。在高彬长老的教导下，朱元璋白天学文、晚上练武，可以说是在乱世中寻得了一片安乐之土。3 年后，当地再次遭灾，寺中经济困难，众僧只得外出挂单、化乞，朱元璋也只能不舍地告别高彬长老，离开皇觉寺，开始做游方僧，在淮西的光、固、汝、颍诸州游历了 3 年多。在这期间，他对佛家的慈悲度世与忍辱苦行有了深切的体会。元至正十三年(1353 年)，朱元璋在元末农民运动中，投奔江淮地区的郭子兴起义军，还俗从戎。由于在战场上身先士卒，得物均分给士兵，他深受士兵的爱戴。郭子兴死后，朱元璋被推为首领，其军队力量逐步壮大，最终取得了战争的胜利，建立了明朝。由于有早年的出家经历，朱元璋对佛法的立教宗旨与义理有着较为全面、透彻的了解，护法护教的态度也十分明确。在今安徽凤阳县城北凤凰山日精峰下的龙兴寺，前身就是明太祖朱元璋早年出家的皇觉寺。朱元璋立国称帝后，将该寺从凤阳移至今址重建，赐名“大龙兴寺”，并重新撰写《龙兴寺碑》文，还设僧录官主持。其时该寺有佛殿、法堂、僧舍 381 间，成为国内著名的大寺院。现历经 600 余年，尚有殿阁 20 余间，占地数亩，红墙黄瓦，掩映于茂林修竹间。寺内藏有朱元璋画像、铁像以及铜镬、铸有铭文的铜罄等。现在的“龙兴古刹”牌坊、“皆大欢喜”牌额、明铸大铜镬、铜钟、明万历诗碑等文物，完好无损。大殿内东西两廊，明、清两朝名人题咏触目皆是。

◎明朝的政府印刷与《藏经》

明代初期建都在南京，这里不仅是全国政治、经济、文化的中心，也是全国印刷的中心。中央政府的印刷机构主要是司礼监和国子监。司礼监是中央政府主管书籍印刷的主要部门，这一部门印刷的主要是皇帝批准及命有关人员编写的书籍。另外，国子监下设的印刷部门主要印刷儒家经典著作及学生读本。经厂也是司礼监的附属机构。在明朝政府的印刷中，刊印佛经的规模非常大，比如明初在南京刻印的《大藏经》，是当时最大的印刷工程。它开始于洪武五年（1372年），刻成于永乐元年（1403年），共636函，6331卷。每半页6行，每行17个字，采用经折装。这部藏经因为刻于南京，也称为《南藏》，又叫作《洪武南藏》，是明代最重要的藏经之一。继《南藏》之后，在永乐末年于北京又刻印了工程更大的《北藏》，即《永乐北藏》。此外，明代还有用西藏文刊印的《藏经》，被称为《番藏》。明代皇帝既信佛教，也信道教，因此，《道藏经》的刻印，在明代也有很大的规模。以上对佛教、道教经卷的印刷，既反映出明代政府印刷规模之大，也反映出释道在明代的影响与藏经的刊行是分不开的。

2. 佛法善巧百姓家

——明代佛教善书和宝卷的流行

明朝时期，三教合一的趋势与佛教向民间的深层、广泛发展，促使许多适应不同信仰层次的著述问世，总称为“善书”和“宝卷”。

善书的流行

中国社会是一个重视伦理的社会，善恶、正邪是中国文化中的两组重要命题。中国传统文化表现出对“善”的极大关怀和追求。早在殷商时期，人们就相信人与鬼神之间存在着一种赏罚关系。东汉道教经典《太平经》提出了“承负说”，与佛教的“三报论”在本质上是相同的，“承负说”将德行对个人的影响扩展至家族，这对以孝为本的中国人来说极具威慑力。明朝广泛流行于中国民间社会的“善书”，就是这种赏善罚恶文化的最集中体现。

所谓“善书”，就是以因果报应的说教方式宣传伦理道德、劝人从善去恶的通俗教化书籍，民间又叫“劝世文”或“因果书”。汉代

十一面观音像

北京首都博物馆举行的古代佛像艺术精品展上的明代观音像，该像反映了明代的佛像塑造水平

是善书的起源时期，出现了道教善书《赤松子中诫经》；唐、宋、元三代是善书的形成期，如署名孙思邈的《福寿论》；宋代有对后世影响巨大的《太上感应篇》等；金元时期则有无名氏的《太微仙君功过格》《文昌帝君阴骘文》等。

明中叶以后，世风日下，传统的思想价值观念遭遇冲击，正统的程朱理学千疮百孔。有识之士对此痛心疾首，他们都试图通过对劝善惩恶的宣传，重整封建伦理纲常，因此善书大行于世。

一般来说，善书的内容通俗易懂，而且传播广泛，对于明代社会影响深远。而善书与古代小说之间有着非常密切的联系，善书的制作者借助了通俗小说的表现形式及写作手法，同时，善书中的故事为通俗小说的创作提供了丰富的素材，可以说明清小说的思想内容、艺术形式都受到了善书的影响，善书中的思想观念，比如善书司命神信仰，又如文昌帝君信仰，在通俗小说中的体现非常广泛。明清时期的善书，宗教化特征渐趋淡化，全面呈现出世俗化的特征，劝善惩恶几乎成为小说中表达的普遍思想。

明清作为善书的盛行期主要表现为两个方面，一是不断再版以前的善书名著，比如著名的善书《太上感应篇》出现了难以数计的版本，李贽、袁了凡等著名文人都曾为《太上感应篇》写序作注。二是不断出现善书新作，这一时期佛教宝卷、功过格等劝善书广为流行。袁了凡的劝善文《了凡四训》，讲述了根据功过格来记录、审视自己的言行，对明清社会产生了巨大影响。袁了凡还写作《阴骘录》，明末高僧云栖袾宏对此改编，写成《自知录》，成为以佛教为主体的劝善书，将儒家的伦理规范与佛教的教义完全融合。可以说，明末以来，这类劝善书在民间的广为流传，深刻地影响了当时的社会生活。

宝卷的流行

宝卷是中国民间以说唱文学形式宣讲宗教教义的说唱脚本，有的宝卷也是非宗教的劝善作品。

宝卷渊源于唐代佛教僧侣讲经说法、悟俗化众的“俗讲”，较早所用题材多为佛教故事，由于其通俗浅易且为百姓喜闻乐见，遂成为民间宗教的经典。宋元时期，仍有佛教僧侣悟俗化众的活动，同时信众结社念佛之风盛行，由此孕育形成了宝卷，“宝卷”到明朝时才出现。元末明初抄本《目连救母出离地狱生天宝卷》，被确认为最早以“宝卷”为名的宝卷。

此宝卷简名《目连宝卷》《生天宝卷》。目连又称目犍连，是释迦牟尼佛十大弟子之一。他与舍利弗等人同为众弟子上首，被称为“神通第一”，曾代佛陀为众说法。目连救母的故事见于《佛说盂兰盆经》等佛教典籍中。据佛经记载，佛指示目连，在农历七月十五日放百味五果在盂兰盆里，来供养十方大德众僧，可以救七世父母。目连的母亲因此而得以脱离饿鬼之苦。盂兰盆会由南朝梁武帝萧衍首倡，每年七月十五日在寺庙中设盂兰盆斋。唐宋以后，盂兰盆会逐渐演变成为中国的民俗节日“中元节”。《目连宝卷》就是在盂兰盆会（道场）中演唱的。

宝卷产生的宗教文化背景是宋元时期弘扬西方净土弥陀信仰，影响最大的、茅子元创立的白莲宗，是这一时期佛教世俗化的标志。因此，依据《目连救母出离地狱生天宝卷》上题写的时间，可以推论出宝卷应该来源于元代的科仪。科仪最早产生于佛教世俗的法会道场中，因为其讲经类似科文，而演唱形式又受到佛教忏法的影响，特别讲究道场的威仪，因此定名为“科仪”。发展到后来，在民间的法会道场中用同样的形式说唱因缘故事，这些讲经就被称为“宝卷”。那时的民间佛教信徒，认为这类卷子是体现佛教法宝的经卷，因此科仪和宝卷之间的区别界限开始模糊，所以《金刚科仪》在明代也被称作《金刚科仪宝卷》。

佛教的俗讲和宝卷都在各种法会上演唱，因此它们的演唱形态都有仪式化的特征。但是，除了法会开始和结束时有比较复杂的宗教仪式外，宝卷也受到佛教忏法的影响，整个演唱过程都按照一定仪轨来进行，与俗讲比较起来更为严格。

宝卷虽继承了佛教俗讲说法的传统，但在内容上有了发展，出现了弘扬西方净土、劝人“持斋念佛”的内容。因此宝卷与同题材的俗讲经文相比，内容上有明显差别，更贴近信众的信仰生活，更能满足他们的信仰需求。

宋元以后宝卷内容则加入民间传说，随着民间宗教社团的出现，“宝卷”又成了阐扬这些社团教义宗旨的基本形式，具有权威性经典的性质。明代万历、崇祯年间，宝卷的刊印达到极盛，对普及佛教在民间的流传起到了重要作用。可见，明代的宝卷虽然继承了唐代以来的佛教俗讲的传统，但与之相比，内容上更加具有明代佛教发展的时代特色，形式上具有严整的格式和格式化的文辞，可以被认为是一种明代新出现的以说唱形式表达的佛教徒信仰活动。

小知识◎《了凡四训》

袁了凡（1533～1606年），名黄，字坤仪，后改名了凡，江苏省吴江县人，其学“以儒家为基础，以道家为附从，以佛教为究竟”，相当庞杂。就其学佛经历而言，他尝从遁隐山林的云谷禅师（1500～1575年）学佛。云谷禅师不仅向袁了凡传授经由佛教化改造的功过格，教以准提咒法，且曾对袁了凡开示说：“命自我造，福自己求！”据了凡自述，自从奉持准提咒法后，“终日战战兢兢，在暗室屋漏中，常恐得罪天地鬼神”。袁了凡的修学经历表明，准提信仰与功过格的修行，构成了晚明居士佛教修行的重要内容。《了凡四训》作于袁了凡69岁时，在社会上风行一时。全文分4个部分，是袁了凡为教育子孙后代所写的4篇家训，分别为：立命之学、改过之法、积善之方、谦德之效。作者以自己的亲身经历，讲述了改变命运的过程。《了凡四训》融会禅学与理学，劝人积善改过，强调从治心入手的自我修养，提倡记功过格，其主旨就是：相信人的命运由天注定者乃凡夫俗子所为，人们可以掌握自己的未来，改造自己的命运。

◎《目连救母出离地狱生天宝卷》

《目连救母出离地狱生天宝卷》原来为近代著名翻译家郑振铎所收藏，现在仅存下册，藏于中国国家图书馆。此宝卷原为蝴蝶装，后又重新装裱为方册（约 30cm × 30cm）。封面为硬纸板裱装黄彩绢，其中有 8 幅彩绘插图。郑振铎认为此宝卷为元末明初写本，插图类似欧洲中世纪的金碧写本。

3. 诸宗合流，三教合一

——明代佛教的趋势

明代佛教呈现出广泛的融合趋势，在佛教内部是“禅净合流”，而在儒、佛、道三教之间则是比以往朝代更加深入的“三教合一”。

禅净合流

明代中叶是禅宗有史以来最缺乏生机的时期。总体上看，明代佛教以禅宗和净土宗最为流行，思想理论上少有创新。自宋代以后，禅宗就丧失了其原有的大机大用，文字禅、棒喝禅泛滥成灾。到了明代，这些弊端表现得更加突出。面对禅法的衰敝，不少禅师非常痛心，由此提倡禅净合一、禅教一致、禅律并行。

明代禅僧普遍以西方净土作为终极目标和终极归宿。净土信仰历来有两种，一是天台宗、华严宗等提出的“唯心净土”，只把“净土”当作“净心”的一种表现，而并不承认在心外另外还有“净土”存在；二是净土宗竭力弘扬的“西方净土”，认为生前如果专心念阿弥陀佛，死后就能往生“极乐”。唯心净土与西方净土的分别，是基于对自力的信心与对外力的信仰上的差别。虽然两者存在差别，但明代不少修行之人在实践上都试图把两者调和起来。

明初高僧楚石梵琦（1296～1370年）早已开始主张禅净双修，到明朝中叶影响较大的禅师是临济宗的笑岩德宝（1512～1581年）、曹洞宗的博山元来（1575～1630年）和永觉元贤（1578～1657年）。

临济宗著名禅僧笑岩德宝对看话禅进行了修正和补充。他主张“参话头”与“念话头”结合、“参话头”与“念佛”结合，把净土念佛的内容引入了参禅修行实践。博山元来强调教禅一致，禅净合一，鼓励禅僧念佛，发愿往生净土。永觉元贤主张儒、释、道三教一致，三教毕竟统一于“一理”，世界一切也都应归于“一理”。

笑岩德宝禅师像

清代线刻图，六十五世笑岩德宝禅师。德宝（1512～1581年），北京人，俗姓吴，号笑岩，世称笑岩德宝禅师，明代临济宗僧

明万历年间（1573～1620年），禅宗重新活跃起来，形成了它在中国封建社会历史上最后一个兴盛时期。晚明知名度最高，提倡禅净合一和净土归向最为有力而且影响最大的是“四大高僧”——云栖祩宏（1535～1615年）、紫柏真可（1543～1603年）、憨山德清（1546～1623年）和蕅益智旭（1599～1655年）。这些禅师普遍接受和实践宋代临济宗杨岐派高僧大慧宗杲（1089～1163年）所开创的看话禅。他们把念佛净土引入到“参话头”之中，使禅净合流落实到了参禅修行的实践之中。在他们看来，禅净并修是一种最为

稳当的法门。袾宏提出参禅应以佛教经典“为楷模”，而参禅“得悟”。德清指出，参话头必须“下疑情”，进行反复参究，才有可能获得开悟。

这些禅师提倡参话头、起疑情、破疑情，以此为修禅的必经途径，这对于反拨狂禅的流弊，无疑有积极的作用。

三教合一

明代儒、佛、道三教合流，是以儒家学者为中心，众多名僧、方士参与其间，相互交流，互为影响，最终导致佛、道的世俗化以及儒学的通俗化。

儒、佛、道三教合一的思想，最初开始于唐代。唐代以儒、佛、道三教名流互相辩论为风气，并逐渐由论难而走向融汇调和。三教讲论导致了当时的学者以释、道义理解释儒家经义，从而促进了儒家思

唐代西方净土变壁龛雕刻

该雕刻位于河南洛阳龙门石窟东山2139石窟。西方净土变，是唐代壁画中的一壁，向人们展现了场面恢弘、色彩绚烂的佛国景象，也就是人们常说的西方极乐世界

想的转变。到宋朝时，大儒周敦颐（1017～1073年）等人援佛入儒，革新儒学，形成理学。到了明朝，尤其是明朝晚期，三教合一的思想更是大为盛行。

明代儒、佛、道三教的合流，明显地表现为三教合一思想的流行，三教堂的增多，以及士大夫与佛、道人士相交成风。明太祖朱元璋首开明代三教合一的风气。朱元璋曾经入寺为僧的经历使他对于佛、道二教的义理具有较深理解，同时也深知佛、道二教内部的弊端，因而力行整顿。在此基础上，明太祖提出了三教并用的主张。

朱元璋提倡三教并用，群臣也积极响应。元末明初文学家宋濂（1310～1381年）被朱元璋誉为“开国文臣之首”，侍奉太祖左右，了解太祖的想法，因此对佛教也称颂有加。除宋濂外，明初学者中，主张三教合一，肯定佛、道功能的人也很多。如邬思道和张孟兼等对佛、道都提出自己的融合主张。

明成祖时期，对大量善书的编撰，说明三教合一的观念已得到朝廷的普遍提倡。明成祖还敕撰《为善阴骘》一书来弘扬去恶扬善的道理，而仁孝徐皇后所撰之《劝善书》，无疑是对明成祖《为善阴骘》一书的回应，将儒、佛、道三教劝善之言熔于一炉。所有上述御制书或敕撰书，都以儒家的五伦或孝道为中心，采取佛、道劝善的话语为佑护、佐证，使得儒、佛、道三教的思想融而为一。这些书籍陆续被颁发给天下学宫，是天下士子的必读书目，对儒、佛、道的合流起

三教寺三清殿

位于重庆石柱县，三教寺是集儒、佛、道三教于一体的寺庙，初建于明朝弘治八年（1495年）

到了重大的促进作用。

在儒、佛、道三教合一观念的变迁中，明代最著名的思想家王阳明（1472～1529年）更是一位重要人物。在他以前，虽然明太祖、明成祖倡导三教合一，也有学者宣扬三教合流，但他们所强调的都是佛、道的善化功能，而王阳明则不同，他援佛、道入儒，创立心学，其影响扩及整个晚明思想界。尽管王阳明的文章中也不乏辟佛的言论，但是王阳明的学术得益于佛、道之处很多，尤其与禅宗的关系更为密切。他的心学，即由禅宗“即心即佛”发展而来，禅宗关于“定”与“慧”的关系问题，更是王阳明“寂”与“照”的关系的思想源头。

在明代民间，三教堂逐渐增多，祠庙中还出现了僧俗界限混淆的情况。将孔子、释迦牟尼、老子并祀于一堂之内的三教堂，在元代就已经出现，到了明代可说是蔚然成风。孔子在学府祭祀于学，佛菩萨是供奉在寺院，老子道家都供奉在道观，原本来说都各有定制，各不相混。可是，在明代，却流行将孔子、佛陀和老子放在一起供奉，还出现了以儒、释、道合为一图的情况，也有在寺观的塑像中三教并举，

高庙保安寺

高庙位于宁夏中卫城北，接连城墙的高台上。始建于明永乐年间，是一座三教合一的寺庙

王阳明画像

王阳明（1472～1529年），名守仁，字伯安，是明代哲学家、教育家，浙江余姚人，世称阳明先生

佛教把佛像放在中间，道教把老子像放在中间位置，甚至出现了穿戴为道冠、儒履、释袈裟混为一体的出家人塑像，而没有明显的区分界限。由于这种情况的出现，朝廷不得不下令禁止。然而三教合流毕竟已是大势所趋，朝廷虽然一再禁止，但禁令往往起不到作用。发展到后来，即便是朝廷，有时也这样混淆三教界限，每逢大朝会时，往往不在国子监或孔庙，而是在佛寺或道观举行祭祀活动。

明代的士大夫从小接受的是传统的儒家教育，但是无论是阁部大臣，还是州县小吏，都是佛、道的倡导者，甚至成为佛教寺院的“护法”。当时的风气，就是士人以与释、道二教人士相交为雅。中期以后，以至明末，由于儒、佛、道三教合流渐成气候，士人与僧、道相交更是普遍。随着儒、佛、道三教的合流，儒、佛、道世俗化的深入，明清时候产生了一股“狂禅”的习气。同时，一些儒士从儒家阵营中游离出来，举起三教合流的大旗，从而使这一思潮更加深入民间。

小知识◎阳明禅

王阳明作为宋明理学家在明朝最杰出的代表，佛学修养很高，有人把他的学说称为“阳明禅”。这种说法在王阳明思想开始传播时即已流传。把王阳明的思想纳入禅学，所持的依据主要是两方面：一是从王阳明的一生行迹来考察，他常出入禅门；二是王阳明的思想方式与禅的思想方式极其相似。因此有人认为“阳明的思想应称为禅的儒学”。王阳明30岁任职刑部，奉命到安徽审查案件时，住九华山，遍历了无相寺、化城寺等寺院，并常常与僧侣们讨论佛教的宗派。转年移居杭州西湖边养病期间，他也经常往来于杭州的佛寺之间。阳明心学体系之建立确实有从佛学借用资源的痕迹。从方法论上来看，阳明心学与禅学极为相似，就是因为心学与禅学所论的形上本体对象实质是相同的。由于受佛、道二家，尤其是禅学的影响，宋明时期的儒者在修道参学上更加强调禅宗的养静工夫。一时间，静坐之法成为许多儒者的修养功课。虽然后世对于王阳明的学说是佛还是儒的归向一直有很大争论，但是他的后学之中，也有好几位杰出的人物在发扬儒家教义的同时，也信奉佛教、传播佛法。比如明代思想家、文学家李贽（1527～1602年）著有《般若心经提纲》《净土决》，著名学者焦竑（1540～1620年）著有《楞严经精解评林》《法华经精解评林》，杨起元（1547～1599年）著有《维摩经评注》，等等。因此，在一定程度上说，心学的发展，也可以看成是佛教尤其是禅学思想的发展和延伸，从思想传承上来说也不能不说是受到王阳明思想的影响。

4. 一时荣宠
——清朝帝室与佛教

满族原来信仰萨满教，对天神地祇的崇拜十分流行，与汉民族对天帝和土地的传统信仰极其相似。之后佛教传入满族地区，金代佛教相当发达，后金受到金代信仰传统的影响，对佛教并不排斥，入关以前也和西藏喇嘛教发生了多方面的联系。清朝建立以后，很多帝王都信奉佛教，帝王对佛教的态度直接影响了清朝的佛教政策。

清初的佛教政策

清朝统一全国以后，吸收明朝的政治制度和经验教训，在政治上，加强君主专制的统治；在文化思想领域，极为崇奉儒家孔孟，提倡理学，并且禁止结社，多次大兴文字狱，对文人学子实行空前严格的思想控制。

对于佛教，清政府对汉地和藏地佛教采取不同政策。对于内地佛教，清朝继续采取从严控制的政策。对于喇嘛教，清政府主要将其作

雍和宫门殿内景

弥勒佛像上是乾隆亲笔题写的“现妙明心”匾额。雍和宫原是雍亲王府，乾隆九年（1744 年）改为喇嘛庙。可见清朝皇室对佛教，尤其是藏传佛教的重视。也正是通过这种重视的方式，来实现对佛教的严格控制

为控制蒙藏上层、巩固中央统治的手段。

清朝在僧官制度上主要学习明朝旧有的僧官制度，在北京设立了僧录司管理全国佛教事务，僧录司里有正、副掌印各 1 人，下面设有左、右善世 2 人，此外还有阐教师 2 人、讲经师 2 人、觉义师 2 人。

在地方僧官的设置上，全国的各府、州、县分别设立僧纲、僧正、僧会各 1 人。人选由地方官推荐，年终把名单汇报到吏部。

清政府用这样严密的制度把全国的佛教控制在僧官手中，但是实际上僧官并没有独立的权力，只是执行世俗政权所给任务的工具。《大

清律例》还规定，不许私建或增置寺院，不许私度僧尼，严格执行出家条件，严厉制裁淫乱僧尼等。

虽然清朝政府在全国政策上对佛教加以控制，但是，清朝帝室有多位君主对佛教都具有深厚的信仰。清世祖顺治帝（1638 ～ 1661 年）曾先后召当时的高僧玉林通琇（1614 ～ 1675 年）、木陈道忞（1595 ～ 1674 年）到内廷说法，并分别赐号“大觉禅师”“弘觉禅师”。

清代重修弘仁寺石碑（正面）

甘肃张掖大佛寺内的石碑，碑文内容反映出清代帝王对于佛教的重视

之后，顺治帝萌生了出家的想法，群臣苦劝，但他一再坚持，徘徊在出世与入世之间。经过 4 个多月后，顺治帝本就虚弱的身体已支持不住，到年底就病了，很快就染上当时的不治之症——天花。顺治帝让玉林禅师为自己念经祈祷，又亲自把平日关系最亲密的太监吴良辅送到法源寺剃度，作为自己的替身出家，但其自身的病情仍不断恶化。顺治十八年（1661 年）正月，顺治帝自知势将不起，写下遗诏后去世。

然而，《清稗类钞》《清代野史大观》等书中均有关于顺治帝因董鄂妃去世而削发出家的故事。据说，由于顺治帝离家出走而削发为僧，朝廷只能对外宣布皇帝驾崩。而清圣祖康熙帝亲政后，曾经以进香为借口，多次到五台山看望顺治帝，希望顺治帝能回到宫中，但是顺治帝不为所动。至今，顺治帝出家与否，仍然是一个谜。

山西五台山清凉寺遗址

据说为清代顺治皇帝出家修行的地方，在很多野史和历史小说中都有类似记载

康熙年间（1662 ～ 1722 年），康熙帝将明末隐迹山林的许多高僧引入京师，以便控制和吸引晚明士人。自康熙二十二年（1683 年）以后，天下太平，国家富裕，康熙帝曾经 5 次亲临五台山，做各种法会 8 次，并赐梵文藏经 2 部、匾额 55 块，赠送佛、菩萨像 7 尊，敕赐金银 6000 余两，作诗 15 首、碑文 20 余道，修葺寺院 20 余座。当今五台山留存的康熙御匾还有“真如权应”“灵峰胜境”“五台圣境”等多块。

据记载，清初各省官建大寺共 6073 处、小寺 6409 处；私建大寺共 8458 处、小寺 58682 处；有僧 110292 人、尼 8615 人。总计寺院 79622 处、僧尼 118907 人。到了乾隆四年（1739 年），共发出度牒 340112 张，令师徒相传。由于私度并未停息，据估算，清末各省约有

80 万出家人。

雍正帝与佛教

清代汉地佛教的主要宗派，和明代基本一样，比较有影响的主要是禅宗和净土宗。禅宗在清朝初年，在明朝禅宗宗派发展的基础上保持了延续。明代临济宗有密云圆悟、天隐圆修、雪峤圆信三大高僧的传承，而其中的圆悟一脉的汉月法藏、费隐通容、木陈道忞三支，在清初最有影响。而在清朝初期，一度还出现了临济宗和曹洞宗的对峙。曹洞宗在清初也是禅宗较有影响的宗派，曹洞门下的无异元来、永觉元贤、晦台元镜三家，也是清初非常有影响的高僧。

到清朝中叶，净土宗逐渐取代禅宗的地位，影响日益扩大。鉴于这种情况，到雍正皇帝的时候，对当时禅宗的空洞之弊进行严厉抨击，并以明代高僧云栖袾宏的思想为范例，主张三教合一和禅净合一，提倡念佛净土。

雍正帝自号“圆明居士”，对禅宗具有一定研究，他还曾经编辑《御选语录》19 卷。此外，还撰有《拣魔辨异录》，在书中他对去世近百年的明末著名禅僧汉月法藏的思想进行驳斥。汉月法藏是明末一位较有争议的高僧，他是江南禅宗“三峰派”的创始人，与圆悟一样，是当时著名的高僧。法藏曾经拜圆悟为老师，后来他将与圆悟的不同观点写成《五宗原》一书，由此开始了两家旷日持久的争论，直到清代初年。由于法藏的思想得到黄宗羲等明末遗民的赞赏，雍正帝以帝王身份，反驳法藏一派，并且命令地方官员彻底打击和追查信奉法藏学说的信众，以政治手段来干涉宗教信仰，反映出以雍正帝为代表的清朝皇室对待佛教的复杂心态。

慈灯寺塔

位于内蒙古呼和浩特市五塔寺后街，清雍正五年(1727年)修建，1732年命名为慈灯寺。此塔第一层上有蒙、汉、藏文字的“金刚宝座舍利塔”汉白玉匾额。从第二层到第七层的檐下共塑造1119尊各种姿态的镏金小佛像，也因此得名“千佛塔”

乾隆帝与佛教

雍正帝之后的乾隆皇帝，更是一位对佛教充满热情的帝王，他极为支持文士和官吏学佛，并且在社会上深入推广念佛净土的思想，使净土学说成为世俗学佛的基本内容。由于满人信仰藏传佛教的人逐渐增多，乾隆皇帝命令国库拨款，修建了一座形式与雍和宫极为类似的佛教寺院，专供满族僧人居住。寺院建成后，由章嘉活佛主持了盛大的开光仪式，乾隆帝委任他为该寺院内满族僧人的老师，给他们传授居士戒和沙弥戒。

乾隆皇帝对于佛教的信仰还表现在其他方面。他生前在清东陵亲自设计了一座充满藏传佛教色彩的陵墓。在陵墓里举行大祭的隆恩殿前，还专门建造了给喇嘛念经的西配殿，而陵墓地宫的 8 扇门上，各雕塑了一尊菩萨立像，地宫的明堂顶有“五方佛”浮雕，穿堂的两边墙壁有“五欲供”浮雕，东西两边墙壁分别雕塑有一尊佛像和八宝香案。此外，陵墓中的棺椁上还刻满了漆雕的喇嘛经文，整个地宫石顶和两壁也刻着许多经文。由此可见，出于对佛教的虔诚信仰，乾隆皇帝将自己的最终归宿设计成了一座佛教殿堂。

裕陵地宫内的菩萨像

位于河北遵化的裕陵是乾隆皇帝的陵墓，地宫内的菩萨像反映出清代帝王对待佛教的态度

乾隆皇帝 25 岁时的画像

由宫廷画家郎世宁和学生合作完成，清高宗爱新觉罗・弘历，年号“乾隆”，清朝入关后的第四位皇帝

方壶胜境

乾隆初年营造的圆明园四十景之一。方壶胜境的 9 座楼阁中供奉有 2200 多尊佛像、30 余座佛塔

由于皇帝崇信佛法，乾隆朝上至各位皇子、宗室诸王、朝廷官吏和后宫的妃嫔，下至地方上的一些豪绅贵族和宫廷太监，都纷纷要求跟随章嘉活佛听受各种随许法和戒律，受持居士戒和斋戒者也日益增多，佛法在清朝的影响达到鼎盛。

乾隆年间，汉传佛教的最重要事件就是对藏经的刊行与翻译。这一时期，完成了由雍正朝开始的汉文《大藏经》的雕刻，就是通称的“龙藏”。此外，还有满文《大藏经》翻译工作的完成。乾隆皇帝认为《大藏经》有天竺、藏文、汉文、蒙古文等各种文字，但是佛教典籍经文含义深奥，以及汉文经典中的咒偈语义古奥，一般人难以领悟其中的佛法真谛，而满文却用意明畅，反而可以明白经文的旨归。于是乾隆帝命令在西华门内设立满文经馆，用蒙古文、汉文的两种《大藏经》为底本，按部翻译成满文。这一翻译工作开始于乾隆三十八年（1773年），经过18年方才完成，与由藏文译成的蒙文《大藏经》同时雕印。对藏经的重视，可以说是乾隆皇帝对于佛教的最大贡献。

小知识◎顺治帝出家之谜

顺治帝出家一直是清初宫史的一大疑案。顺治帝是清朝入关后的第一代皇帝，6岁即位，24岁去世，在位18年。他一生十分崇信佛教，与当时的著名高僧玉林、木陈等过往甚密。传说顺治帝在自己心爱的妃子去世后，悲伤过度，看破红尘，遁入空门，出家当了和尚。

◎清朝宫廷内的佛殿

由于清代多位帝王都信奉佛教，皇宫中各处都分布有佛堂，以供皇帝和妃嫔在宫中礼佛瞻拜之用。在礼佛上，不同的人有不同的场所。专供皇帝使用的佛堂，是总领宫中佛教事务的中正殿和以中正殿为核心的一处庞大、独立的院落，内有十来座佛堂，包括雨花阁、西配楼、梵宗楼、宝华殿等，此外在皇帝寝宫的养心殿也有供皇帝礼佛的佛堂。供皇太后使用的佛堂数量最多，集中在皇太后居住的慈宁宫内。宫内的英华殿，从明代开始，就已成为后妃们的拜佛之所。因为清朝皇室受到藏传佛教的影响较大，清朝皇宫中有大量的藏传佛教物品，而宫中的各个佛堂供奉的全都是藏传佛教的神像。佛堂建筑在风格上则融汇汉藏，具有独特的建筑特色。为了供奉高大的主尊像，佛殿多建成天井式。环天井的回廊上，供有各种佛像、菩萨，并且悬挂着具有浓郁藏传佛教特色的唐卡。众多的佛堂除了少数是明代遗留或顺治康熙时代所建外，大部分都是乾隆时所建，可见乾隆帝受佛教影响之深。

乾隆藏经

清代所编辑刻印的乾隆年间的佛教藏经，是我国佛教史上的重要文献

5. 汉藏一统
——明清时期藏传佛教的发展

藏传佛教在明清时期有了很大发展，明朝出现了藏传佛教的格鲁派，而清朝更以藏地活佛为国师，对西藏佛教的态度与对藏地的统治政策联系在一起，出现了许多复杂的情况。

明朝对藏地的政策

明朝建立后，洪武六年（1373 年），明太祖朱元璋下诏册封藏地僧侣与僧官，标志着明朝延续元朝对藏地的统治权。各地政教首领也纷纷上交元朝旧印信换取明朝的新印信。

明朝统治逐步稳定后，在对藏地的管理上采用“行都武卫制度”，通过在藏地设置都指挥使司和军民元帅府，以行都武卫制度与册封地方首领两种方式有效管理藏地。事实上，明朝早期对藏的统治，“统”大过“治”。明朝对藏地的贡赐关系和茶马互市的设立，也为藏地带来了很大的经济利益，对于加强汉藏关系起到了重大作用。

到明成祖时期，朱棣对于藏传喇嘛教尤为重视。针对藏地几大宗教派别峙立的情况，明成祖弃用元朝力推一教的政策，改为对于各个教派都加以分封。从永乐四年（1406年）起，明朝在藏区分别立阐化王、辅教王、护教王、阐教王等封号，此外还册封藏传佛教三大教派首领为“法王”。明朝政府通过这种方式来平衡和分化当地政教合一首领的威权。

弥勒菩萨像

明代的西藏佛像，反映了明代的藏传佛教造像艺术水平

永乐六年（1408年），明朝政府还邀请新崛起的格鲁派创始人宗喀巴大师（1357～1419年）到都城北京。由于宗喀巴忙于在拉萨开传召大法会，没有办法亲自赴请，于是改派自己的大弟子释迦也失（1354～1435年）进京朝觐。明朝廷将大量财物赐予进京的释迦也失，明成祖还赐给他“大慈法王”的称号，下诏任命他为成祖、宣宗两代国师。仅在明成祖在位的永乐年间，藏族受封的喇嘛就有五王、二法王、二西天佛子、九大灌顶国师、十八灌顶国师之多。

随着藏传佛教的发展，到明代中叶，即16世纪前期，由于格鲁派的支持者阐化王政权的衰亡，藏传佛教的黑帽系即噶玛噶举派与红帽系联合在一起，开始极力打压黄帽系的格鲁派，格鲁派一度影响力收缩。到了16世纪70年代，格鲁派六大寺院之一的哲蚌寺住持索南嘉措（1543～1588年）为了重振雄风，到青海会见被明朝封为“顺义王”的蒙古俺答汗。俺答汗赠给索南嘉措“圣识一切瓦齐尔达喇达赖喇嘛”尊号。由此开始，格鲁派索南嘉措的活佛转世系统开始出现“达赖喇嘛”之称。

通过俺答汗的帮助，索南嘉措上书申请与大明王朝建立贡赐关系。根据明朝的制度规定，只有国师以上的人，才有入贡的资格。但是索南嘉措派人直接携重礼见到当时身居高位的张居正，张居正将索南嘉措的礼物交给朝廷，并建议当时的神宗皇帝回赐索南嘉措。由于张居正的支持，明朝廷对索南嘉措的上书反应积极，并给予了破格优待。

从此开始，明政府文件中开始以“答赖”（达赖）称呼索南嘉措。索南嘉措去世后，格鲁派追认宗喀巴大师的弟子根敦珠巴（1391～1474年）为第一世达赖，根敦嘉措（1475～1542年）为二世达赖，索南嘉措就是三世达赖，至此，明朝对西藏达赖的册封体系圆满完成。日后，清朝也继承和发展了达赖册封的制度。

清朝统一前的藏传佛教

藏传佛教与清朝的关系，可以追溯到清太祖努尔哈赤（1559～1626年）还在辽东创基业之时。明万历十一年（1583年），努尔哈赤的父亲、祖父被明军误杀，努尔哈赤承袭父职成为建州左卫指挥，并以祖、父遗甲起兵，开始了统一东北各部的政治生涯。万历四十四年（1616年），努尔哈赤在赫图阿拉正式称汗，仿照历代汉族王朝体制，年号“天命”，建立了“大金”政权，史称“后金”。

天命三年（1618年），努尔哈赤在统一东北的情况下，公开竖起了反明的大旗。努尔哈赤深知以东北的地方势力与明朝中央对抗，力量悬殊，同时还有归顺明朝的朝鲜与蒙古诸王在明朝廷左右听命，对于他的大金政权具有极大的威胁。因此，努尔哈赤极力与蒙古保持良好关系。由于认识到藏传佛教在蒙古的各个部落都关系到人心向背，因此，努尔哈赤在以元、明两朝的统治策略为参考的基础上，把对藏传佛教的推崇，作为与蒙古交好的重要政策。

据史书记载，在后金政权建立的前一年，也就是1615年4月，努尔哈赤就已经开始建造三世诸佛、天上玉皇庙等七大庙。此时，金政权所修建的佛寺都是藏传佛教与汉地佛教的融合形式。而在与蒙古高层结交、联合的过程中，努尔哈赤自己也受到了蒙古地区佛教的影响。

天命六年（1621年），努尔哈赤发布命令，要求保护各地寺庙，这一政策获得了蒙古民众的好感。与此同时，努尔哈赤对藏传佛教的礼遇政策，引起了藏族高僧的注意。就在发布上述命令的同一年，藏族法师斡禄打儿罕囊素从科尔沁到达后金，弘扬佛法，被尊为“大金喇嘛”。努尔哈赤尊崇藏传佛教的政策很快在蒙古各部落产生了深远而广泛的政治影响，一些部落王公由于不堪连年的内部纷争，率领部属投奔辽东，努尔哈赤一律给予厚待，由此吸引了越来越多的投奔者，这些都极大地加强了后金的实力。

皇太极（1592～1643年）继承后金帝位后，继承了努尔哈赤的志向，决意入主中原，取代明朝政权。因此，他延续了从努尔哈赤开始的对藏传佛教和蒙古王公的统治政策，并且进一步密切了与藏传佛教上层的联系。皇太极在与蒙古族的交往中，认识到卫藏的达赖、班禅两大活佛在藏传佛教信仰者中的地位，他们对蒙古民族具有精神领袖的地位。崇德四年（1639年），皇太极派使者前往卫藏拉萨延请达赖喇嘛，意图与其结好。

这一时期，在西藏以达赖喇嘛为领袖的藏传佛教格鲁派，尽管获得了蒙古亲王的支持，在教派争斗中占有绝对优势，也还是需要中央政府的有力扶持。他们分析了时下的局势，此时的明朝政权已经走向末路，而占据东北的皇太极，兼并了漠南蒙古诸部，声势正盛，具有一统中原的潜力，与他通好，将来必将更有利于格鲁派的长远发展。因此，达赖喇嘛派出了使团，来到盛京，皇太极对达赖喇嘛使团的到来感到极其欣喜，亲自率领众臣出怀远门迎接，并当众拜天，以平等之礼相待使团。之后，皇太极还亲自写信给达赖、班禅等藏传佛教的领袖，公开表明会尊崇藏传佛教，以佛法护国。

为实现自己的承诺，皇太极开始在盛京建立佛寺，塑造佛像，供养僧人。在元世祖的时候，当时的帝师、藏传佛教萨迦派的八思巴大师曾经铸造了千斤重的玛哈噶拉铜像，被作为元朝的护法神，奉于五

塔尔寺

位于青海省西宁市湟中县鲁沙尔镇。得名于大金瓦寺内为纪念黄教创始人宗喀巴而建的大银塔，藏语称为“衮本贤巴林”，意为“十万狮子吼佛像的弥勒寺”，是藏传佛教格鲁派（黄教）六大寺院之一

台山。元朝灭亡后，藏僧沙尔巴活佛将铜像搬移到蒙元后裔察哈尔部供奉，又成为了内蒙古的护法神。

崇德八年（1643年），皇太极攻占察哈尔，墨尔根喇嘛将此尊塑像搬迁到了盛京，皇太极因为这尊塑像具有重大的象征意义，特别命令修建了实盛寺来加以供奉。后来，皇太极还按照喇嘛的建议，在盛京四城门外，分别修建了一座喇嘛庙，命令喇嘛在寺院里修行。此外，每寺中还修建了一座佛塔，并借机散布“四塔成，当统一”的说法，为自己灭亡明朝、统一全国制造舆论上的准备。

大召寺

位于内蒙古呼和浩特。“大召”蒙语称“伊克召”，意为“大庙”，由顺义王阿勒坦汗创建于明神宗万历七年，明神宗赐名弘慈寺。清太宗皇太极崇德五年重修大召，并以满、蒙、汉3种文字，赐名无量寺。大召寺距今已有400多年的历史，是蒙古族人民修建的第一座藏传喇嘛教寺院

清朝建立后的对藏政策

善于使用宗教政策来进行交好的清王朝，对藏地佛教的支持，是其整个统治政策的重要组成部分。在入关之前，清朝统治者采用了满、蒙联合的手段来对付明王朝。入关以后，为了巩固自身的统治，清政府又根据满、蒙、藏几个民族相似的文化、宗教、历史，尤其是对佛教的尊崇等，试图以喇嘛教来控制边疆地区。

因此，到清王朝统一了蒙古各部后，在蒙古延续了大力扶持、推广喇嘛教的政策，这一政策有效地收服了当地的人心，也维护了蒙古

康宁寺建筑

康宁寺，位于四川甘孜巴塘，又名丁宁寺，是黄教寺庙，始建于 1637 年，为五世达赖派德莫活佛来巴塘仿照拉萨哲蚌寺洛色林修造

地区的安定局面。

在蒙古之外，清朝对西藏管辖的政策也和佛教密不可分，其中包括的三大有力举措是册封制度、驻藏大臣和金瓶掣签制度。入关后不久，当时在位的顺治帝就派遣使臣到西藏问候达赖、班禅，达赖和班禅也派人到北京进行朝贺。

到顺治九年（1652 年）的时候，由于清朝廷的邀请，五世达赖带领班禅的代表入京，清政府册封达赖为“西天大善自在佛领天下释教普通瓦赤喇怛喇达赖喇嘛”，让他成为藏蒙两地喇嘛教的领袖。

五世达赖回到藏地后，用从内地带回的金银，在前、后藏建立了 13 所黄教寺庙。康熙帝继位后，仍然延续顺治朝的做法，继续遣使入藏看望达赖、班禅，并带去贵重礼品。

康熙五十二年（1713 年），当西藏上层为争夺六世达赖职位而斗争不已的时候，康熙帝派遣使者册封五世班禅为“班禅额尔德尼”，为黄教树立了另外一位领袖，以实现分权统治。

到康熙五十九年（1720 年）的时候，清政府派兵两路入藏，册封格桑嘉措（1708 ～ 1757 年）为七世达赖。从此，藏传佛教的两大世系得以确定下来。

由于达赖、班禅两大活佛在蒙藏人民心目中的地位至尊，朝廷决定多封众建，以分其势。为制约达赖喇嘛在藏区的势力和哲布尊丹巴在蒙古地区的影响，康熙皇帝决定扶持章嘉活佛系统。

康熙二十三年（1684 年），由于喀尔喀地区的矛盾日益激化，清政府决定利用藏传佛教在蒙古的影响来安定北疆，朝廷特别安排达赖喇嘛协助清朝使臣去进行调解。达赖喇嘛派遣拉萨甘丹寺的活佛为私人代表，经过青海，与二世章嘉活佛一起前往喀尔喀进行调解。这次使命完成得非常顺利，使该地区的矛盾双方和好如初。康熙二十六

布达拉宫

布达拉宫位于西藏拉萨，屹立在西藏首府拉萨市区西北的红山上，是一座规模宏大的宫堡式建筑群。最初是松赞干布为迎娶文成公主而兴建的，17 世纪经重建后，布达拉宫成为历代达赖喇嘛的冬宫居所，也是西藏政教合一的统治中心

年（1687 年），康熙皇帝对二世章嘉活佛的喀尔喀之行给予了很高评价，极为赞赏，赏赐了大量财物。

康熙二十七年（1688 年），康熙帝宣诏二世章嘉活佛进京，安排他在法源寺居住。康熙三十二年（1693 年），二世章嘉被封为“札萨克大喇嘛”，主管京城及内蒙古地区的藏传佛教事宜。康熙三十六年（1697 年），二世章嘉奉康熙帝命，赴西藏主持六世达赖喇嘛坐床典礼。康熙四十四年（1705 年），二世章嘉被康熙封为“灌顶普善广慈章嘉呼图克图大国师”，自此，章嘉呼图克图累世相继，主持内蒙古及青海两翼 29 蒙旗之教化。

雍正五年（1727年），清政府在西藏设驻藏大臣，大臣可以代表中央政府，与达赖和班禅两大藏传佛教领袖共同管理西藏地区。驻藏大臣的设置，标志着中央政府对西藏管辖的加强。此外，清政府还通过金瓶掣签制度加强了中央政府对达赖、班禅转世系统的监督和任授权力。这是清王朝对西藏行政管理体制进行改革、确立治藏法规中的一项重要内容。这一制度一直延续到今天。

金印

清政府颁发给班禅与达赖的金印，藏于北京故宫。清朝中央政府对西藏宗教领袖（主要是达赖、班禅）的册封标志物主要为金册和金印，即用黄金制成的册页和印鉴，册上刻有诰封、诰书，印鉴上刻有受封名号。金册、金印用满、汉、蒙、藏等族文字书写

到了乾隆年间，清政府还陆续颁布了《西藏善后章程》和《藏内善后章程二十九条》，确定驻藏大臣与达赖喇嘛共同处理政务的平等地位，加强了中央政府对西藏的统治。

雍正、乾隆年间，西藏的喇嘛教在汉地的影响也很大，极为流行。藏密经籍的翻译也得到开展。不过，清初的各位帝王虽然信奉藏传佛教，但是作为统治者的他们也警惕并且控制着佛教的发展，他们深知西藏政教合一制度的日益完善，必然会对清政府的统治造成威胁，因此自皇太极以来，清政府对于藏传佛教的真实态度一直是既尊崇又限制的。

除了康熙帝之外，雍正皇帝也很重视喇嘛教，他登基之后的第3年（1725年），就把自己身为亲王时所居住的府邸改为雍和宫。到乾

隆九年（1744 年），雍和宫被改立为喇嘛教寺庙，作为一座皇家寺院，成为京城喇嘛教的中心。

在清政府的扶持政策下，藏传喇嘛教在全国各地，尤其是在蒙藏和三北地区得到很大发展。仅从藏地来看，乾隆二年（1737 年）归属于达赖系统的寺庙有 3150 多所，喇嘛有 302560 人，农奴有 121438 户；归属于班禅系统的寺庙有 327 所，喇嘛有 3670 人，农奴有 6752 户。总计黄教寺庙达到 3477 所，喇嘛有 306230 人，所属农奴 128190 户。而发展到光绪八年（1882 年），黄教大寺庙有 1026 所，僧尼人数已经约占当时藏族人口的二分之一。

戒台楼

位于北京市雍和宫内，是乾隆迎请六世班禅为自己主持受戒仪式而筑

6. 佛法常在白衣间
——明清居士佛教的发展

汉魏以来，以文士身份学佛参禅、扶持佛教事业的知名人士有很多，到明清时期更加突出，成为中国佛教史上的一个重要现象。

明朝的居士佛教

明末，居士之风极为隆盛，清朝的彭际清编著的《居士传》共 66 卷，从 37 卷到 53 卷，都是明朝居士的传记。

明朝末年，政治腐败、奸臣当道，贤明正直的人士，大多不能见容于权贵，以莫须有罪名被诬陷迫害的不仅仅是政府的官吏、士大夫、读书人，佛教的出家人也受到波及。当时的遍融真圆、达观真可、憨山德清等高僧，都受到了政治迫害，甚至被诬告入狱。根据《居士传》中记载，明末的居士之中，也有不少于 12 人遭受到政治上的迫害。因此，文士们皈依佛教、在佛教中寻找解脱的方法，也可以认为是明末居士佛教兴起的一个重要原因。

明末的居士，从他们的社会地位来说，大多数属于士大夫阶层，通过读书而做官，是当时最好的进路，因此他们读的都是儒家经典，思想背景也大多是儒家的立场，甚至有人受了朱熹学说的影响，原来是反对佛教的，但是由于社会现实的影响而逐渐转变对佛教的立场。信佛之后的居士们，大多仍出入于儒、释、道三教之间，往往以儒家的孔孟言论来解释或说明佛教的经典。

明末居士，一般来说有两种情况：一种情况是由于与出家的高僧亲近而重视实际修行的居士，另一类居士是虽然信仰佛法、研究经教，却不一定追随出家僧侣实际修学的读书人。后者大多数都与当时的阳明学派有关，他们作为理学家之中的佛教徒，对于明末佛教的振兴，居功至伟。由于存在这样的思想源头，明末佛教居士的思想中都富有儒、释、道三教同源的色彩。

佛像头部

发现于山西的明代镀金佛像，现藏于加拿大安大略皇家博物馆中国厅

明末清初，中国佛教中一直推崇唯心净土与弥陀净土的思想，使得净土几乎成为明末佛教各个宗派共同的修行方式。晚明居士的主要修行方法不仅包括注重持名念佛的净土修持，还组成了放生会、念佛堂、念佛社、莲社等修行组织。

对佛教因果信仰的推崇，也可以说是晚明居士佛教中的普遍现象。禅净合流也是这一时期的主要趋势，也促使晚明居士注重禅净双修。

明末居士所依止的佛教经典，首推般若类经典《金刚经》，此外是《楞严经》，还有《法华经》《阿弥陀经》等。从这些经典可以看出，晚明佛教居士不仅重视性宗经典，也重视相宗经典，体现了晚明居士佛教学行并重、禅净兼顾的思想取向。

明末时期文士注释佛经也成为一种社会趋势，表现出当时尊经崇教的佛学取向。明末佛教居士还对禅宗进行了反思，甚至后来对阳明后学的狂禅现象也加以抨击。由于这个原因，憨山德清对佛教居士护持佛法曾经寄予厚望。

明末的居士们，并没有独立的宗教组织作为他们活动的机构。结社修行也不过是约集了数位同道在一处定期修行，并不对外活动。他们成立的放生会，也并非统一的社会组织，仅仅是以此为依托来向民众筹款，购买生物予以释放。居士们除了通常的修行之外，也热心于对贫苦者的救济、狱中囚犯的教化。

在晚明丛林佛教禅净合流的影响下，晚明居士依附于佛教丛林，形成了不仅注重佛教修行，还注重典籍言教、修身与修性并重的风格，因此表现出多元化的思想特点。明末中国佛教界的这种禅、净、密、律等诸宗融合的思潮，对后世佛教的发展产生了深远影响。源于此，近代时期中国佛教宗派之见并不明显，禅宗寺院的僧侣

地藏说法

位于四川蓬溪宝梵寺内的明代壁画，地藏菩萨是汉传佛教四大菩萨之一

可以到律宗寺院学习，而任何一个宗派的僧侣也都可以修持净土宗的念佛法门，也可以持诵密宗的咒文。

清朝的居士佛教

由于明末宦官当道，政治上极为腐败，加重了文人背离儒家道统转向佛教的趋势。明朝灭亡后，社会上出现了一批倡导抗清复明的士人，这些人也有很大一批归向于佛教，比如明宗室八大山人、石涛等，都出家为僧。没有出家的文人，也借助佛教义理来阐述自己的思想，最著名的有方以智、黄宗羲等思想家。

与这些思想的发展相应，居士佛教对于佛典的搜集整理和义理的探究，在清代也有新的发展。这类居士在清朝前期有宋文森、毕奇、周梦颜、彭际清等，其中以彭际清最为著名。

彭际清因为学习了莲池大师的思想，以大师的私淑弟子自居，而誓愿往生净土，自号“知归子”。乾隆三十八年（1773 年），34 岁的彭际清在苏州华藏庵闻学师那里受菩萨优婆塞戒。受皈戒后，他开始素食净行。乾隆五十年（1785 年），彭际清前往文星阁，专修一行三昧，因此命名所住处为“一行居”。后来彭际清把自己生平所作愿文、叙、题记、铭传等有关佛教杂著编成《一行居集》。彭际清时常闭关念佛、发愿回向。他所写的《受菩萨戒发愿文》《闭关发愿偈》《安居回向偈》及《和陶渊明归去来辞》等，都是信愿庄严，足以感动人心。彭际清晚年在杭州武林门外和一些禅侣静修。嘉庆元年（1796 年），彭际清念佛安详而逝，时年 57 岁。彭际清的文学，受益于佛学的地方很多。他自己说因为阅读佛经而开始明白写文章的方法，特别是受了《华严》《般若》及《四十二章经》的影响。彭际清一生不仅专门修持净土法门，还广泛阅读大小乘经论，笔耕不辍，撰有《居士传》《二林居集》《一行居集》等。《居士传》可以说是彭际清最有名的著作，是研究明末清初居士佛教现象最重要的资料。

晚清时候，佛教在社会上已经十分没落，但是在文人学者中间，佛教义学却呈现出了异常活跃的气象。道光年间，中国的君主统治经历了数千年的发展走向末路，而西方国家坚船利炮的侵略，唤起了许多中国人的觉醒。其中有一些思想先进的文人也认为佛教义学可以作为救亡图存的精神武器。从龚自珍、魏源到康有为，尤其是谭嗣同、梁启超等人，从佛教中吸收养分，认为发挥佛教的主观战斗精神可以挽救国家民族于危难，他们鼓动不怕牺牲、团结奋进的宗教精神。基于此，居士佛教更加成为了中国近代民主革命思想中的一个重要组成部分。

晚清到民国初年，佛经的刻印蔚然成风，有江都人郑学川在苏州、常熟、杭州、扬州等地设置刻经处；还有佛学家杨文会捐出私宅，在南京创立金陵刻经处，影响深远。杨文会还在刻经处建立了祇洹精舍，教授僧俗学生，又开办佛学研究会，保持每周一次的讲经，参与听课者数量众多。追随他学习佛法的学生，比较出名的除了谭嗣同在戊戌变法后就义之外，还有居士欧阳竟无建立了支那内学院，发展义学，尤其推崇法相唯识，对当时的思想界产生了深远影响。

欧阳竟无居士（后排中）

1915 年 3 月，佛学大师欧阳竟无居士召集南京金陵刻经处研究部成员，商讨扩大佛教经卷刻印事务。金陵刻经处为近代中国刻印佛教经卷最多的机构，由杨文会创建，欧阳竟无继承接办

此外，还有僧人太虚大师与陈元自、章太炎等创“觉社”，成为中国“佛教复兴运动”和推动佛教西渐的主力，哲学家熊十力提出“新唯识”论的思想。后来，欧阳竟无的学生吕澂，长期主持支那内学院，个人著述良多，对当代中国的佛学建设贡献极大。

小知识◎清朝著名居士彭际清

彭际清（1740～1796年），名绍升，字允初，号尺木，际清是他受菩萨戒之后所起的法名。彭际清出生在江苏苏州的一个士族家庭，祖上三代都通过科举考试而做官，他自己也在乾隆三十四年（1769年）进士及第，被授予县官的职位，然而他宁可自己读书也不愿意做官，因此辞而不就。彭际清最初研究宋明理学，又跟随道士学习修炼的方术，后来在朋友家里听闻佛法，有所触动，开始读明代高僧紫柏真可的《紫柏全集》，并归向佛法。后来他还读了莲池、憨山、蕅益等明末高僧的著作，对于净土法门深信不疑。

7. 亦荣亦衰
——明清时期的日韩佛教

明清时期，中国周边国家的佛教也出现了不少的变化，日本和韩国的佛教随着统治者政策的改变、社会时局的变迁而发展与动荡，整体上呈现出衰微与没落的趋势。

宋元之后的日本佛教

宋元之后，日本国内的政权和局势不断发生着变动。与中国的明清时代相对应，日本国从镰仓时期（1192 ～ 1333 年）之后进入室町时代（1338 ～ 1573 年）、安土桃山时代（1573 ～ 1598 年）以及江户时代（1603 ～ 1868 年）。到明治维新之前，日本的佛教在以上不同时期经历了不少曲折变化。

隋唐时期，佛教从中国传入日本，日本佛教受到中国佛教影响较大的是禅宗。在中国的宋元时期，从中国赴日本传禅的僧人中，兰溪道隆（1213 ～ 1278 年）和一山一宁（1247 ～ 1317 年）对传播宋学最

大日如来绢画

大日如来是日本佛教真言宗的最高神，是摩诃毗卢遮那佛在日本的佛号，意为“伟大的启蒙者”，在 9 世纪初和许多佛教人物一起传入日本

有影响。日本室町时期，禅宗名僧受到幕府和各地领主的重用，常参与军政外交机要。他们有的作为幕府的使者奔走于幕府与各地领主大名之间，有的作为国使出使中国和朝鲜。从 1401 年到 1547 年的近 150 年之间，日本与明朝的十多次正式外交，几乎全是派禅僧担任使节。到室町中期以后，日本还出现了一批从事汉籍注释工作的禅僧。

这一时期的著名僧侣很多，比如为“七朝帝师”的日本临济宗高僧梦窗疏石（1275 ～ 1351 年），是枯山水的开创者，也被认为是日本镰仓时代最伟大的造园家。室町幕府的足利尊（1305 ～ 1358 年）就皈依于梦窗疏石。梦窗疏石的弟子、获赐“智觉普明国师”称号的春屋妙葩（1311 ～ 1388 年）首任僧录，以京都相国寺为中心，在全国盛倡临济禅风，著有诗文集《云门一曲》及《语录》等。他还主持出版了多种佛教书籍和外典著作，对五山文学的发展促进很大。从他开始，日本佛教界陆续出版了许多书籍，后世称为“五山版”。此外，日本的宋学先驱虎关师炼（1278 ～ 1346 年），前后师从一山一宁及东山湛照学禅，善写汉诗汉文。日本著名的汉学僧人雪村友梅也曾经受学于一山一宁。

“五山”是位于京都、镰仓的中央丛林，五山制度开始于镰仓末期，到室町时代完成。五山的位次屡有变更，至德三年（1386 年）规定把京都的南禅寺置于五山之上，以京都的天龙、相国、建仁、东福、万寿五寺和镰仓的建长、圆觉、寿福、净智、净妙五寺共同作为全国的五山。“十刹”较“五山”为晚，是地位仅次于五山的10座寺院，虽有建置，但变动次数很多，到15世纪末一共达46座。在五山之上设“僧录”一职，负责任免五山十刹及著名禅寺的住持及有关诉讼裁判、接受寺田、缴纳税金等事务，后来还为幕府起草政治外交的文书。因此，日本五山除具有最高寺院的意义之外，在室町时代以五山为中心，禅僧成为幕府的外交、文化顾问而活跃于当时，被称为“五山派”“五山丛林”。五山禅僧擅汉诗汉文，故室町时期的五山汉文学在日本汉文学史上大放异彩，形成所谓的“五山文学”，而五山禅僧所创造的各种文化，在日本的衣、食、住等一般文化上，也产生了不小的影响。

《阿弥陀佛翻山越岭来迎图》纵幅画卷局部

此画绘于12世纪，镰仓时代，丝绸着色，138厘米×118厘米，藏于日本京都禅林寺

镰仓和室町时期，日本社会上常发生动乱。到室町末期，日本进入诸侯割据的“战国时代”，在战乱中，佛教的大宗派也拥有自己的武装，称“僧兵”。僧兵在平安时期已经出现，主要职责是保护寺院的庄园，也用来进行宗派斗争。进入镰仓时期以后，僧兵仍然存在，以天台宗和法相宗的僧兵最具战斗力。“战国”时期，佛教各宗派的武装集团或联合某些大名诸侯反对另外的大名诸侯，或互相残杀。“战

国”末期的著名武将织田信长（1534～1582年）曾攻破天台宗据点，烧毁寺院，杀戮僧人，没收寺田。在织田信长死后，封建领主丰臣秀吉（1537～1598年）继续采取削弱佛教势力的政策，到他统一全国（1590年）之时，佛教各派的武装已经基本解体，大部分领地被没收。

江户幕府时期，日本国重视文教，把以前依附于佛教的儒学、神道从佛教中逐渐分离出来。京都临济宗僧受到幕府的优遇，并为幕府起草政法文书及提供咨询。江户时期的日本佛教，总体呈现出停滞和世俗化的状态。德川幕府禁止成立新的佛教宗派，在这一时期，新的佛教宗派就只有从中国传入的黄檗宗。此外，日本佛教无论在宗派还是教义理论上都没有新的发展。幕府初期重用临济宗僧崇传（1569～1633年）和天台宗僧天海（1536～1643年），除请他们参与军政、外交机要之外，还命他们为佛教界制定各种法度，对各宗派及寺院职位的等级、法衣的等差、本山（总寺）末寺（分寺）的所属关系、财物的化募、新寺的建立等进行规定。

在幕府给各宗各派下达的法度中，提倡僧人应专心研究教义和修行。僧人出师、僧阶升级、担任住持，都与自身的修学资历密切结合。因此，这一时期的佛教各派都重视兴办教育事业，以培养学僧，适应本派理论研究和传教的需要。各派都出现了一些著名学僧，对本派所奉的教义在理论上进行解释、论证，使之进一步系统化和深化。

在这一时期，佛教内部的世俗化倾向有了进一步发展。有不少僧人鼓吹诸教合流，主张吸收世俗伦理道德，肯定现实封建秩序，提倡生活日用即为佛道的思想。随着儒学特别是朱熹学说、神道教在社会上的独立发展和影响的不断扩大，不少儒者和神道学者对佛教提出批评。针对这些批评，一些学僧著书提倡儒、神道、佛三教一致论。他们的著作受到了中国著名禅僧契嵩（1007～1072年）、袾宏、智旭、德清等人的影响。在这一影响下，有的著作还结合日本国情有新的发展，如在宣传三教一致时也把神道包括进去，提出神道、儒、佛一致。这些理论的提出，促进了僧人对佛教以外各种知识的学习，为明治维新以后僧人从事各种社会文化事业创造了条件。

当马曼荼罗缘起绘卷

日本镰仓时代的绘画，纸本着色，高 48.8 厘米，日本镰仓光明寺藏，画中描绘女子拜佛的场景

到明治时期，政府鼓励各宗办学，一些学僧为振兴佛教也致力于佛教教育事业。从明治初年到大正年间，佛教各派兴起了不少大学，由佛教宗派创立的学校，主要讲授宗教学、培养佛教人才，日本的佛教学者在研究中国、日本的佛教方面做出了很多成绩。除此之外，这些学校还广设文理等其他学科，为日本国培养了不少文教和科技人才。

朝韩的近代佛教

李朝（1392 ～ 1910 年）是朝鲜历史上最后一个封建王朝，李朝的崇儒排佛政策导致了朝鲜佛教的衰微。

朝鲜佛教的诸多宗派，大多数直接源于中国，也有的是据中国汉地佛教而创立的，但都带有自己民族的特色。这些宗派的传承关系，历史记载都不十分清楚。高丽时期有“五教”之法，也只是一种概说。义天之时有六宗存在，到高丽中期知讷大师（1158 ～ 1210 年）创立曹溪宗，发展为 7 宗，统称“五教二宗”。到李朝之时，则发展为 11 宗。李朝世宗六年（1424 年）将 11 宗合并为 7 宗。此后，为加强对佛教的管理和削减佛教势力，世宗又将 7 宗合为禅、教二宗。禅、教二宗每 3 年通过僧科考试选拔教务人才，授以僧阶。

高丽末年兴起的儒学，到李朝时有所发展。李朝设国学乡校，传授儒家经典，因受中国宋、明朝的影响，尤重程朱性理之学。李朝还设置科举取士之制，选取儒者为官。由于佛教在高丽王朝时期得到较大发展，寺院遍于全国，并占有很多良田和奴婢，因此对国家的财政和统治都有潜在的威胁，李朝后期曾多次产生排佛言论。

曹溪寺主殿大雄殿内的坐佛像

曹溪寺是朝鲜佛教中曹溪宗的主庙，在韩国佛教禅宗中扮演着领导的地位。此庙于 1395 年李氏朝鲜初期被首次创立，而现存的寺庙在 1910 年创立（当时称为皇阁寺，在日治时期则称为太阁寺）

朝鲜李朝的太祖以崇佛著称，尊曹溪宗僧为师，又任天台宗僧为国师，建兴天寺作为修禅道场，建兴德寺作为教宗道场。直到太宗之时，才开始对佛教采取实际的排斥措施。太宗时规定全国各宗派可留置寺院的限额，令裁减下来的寺院沙门还俗，土地归国有，奴婢由政府处理，又下令严格执行出家为僧的度牒制度，废除历代沿续下来的任命王师、国师的做法，废止在王陵墓附近建立寺刹的惯例。

世宗、成宗、燕山君等统治者也主张排佛。世宗以儒教为国教，下令

朝鲜妙香山普贤寺万岁楼及佛塔

普贤寺是于 1042 年（高丽时期）建成的，由 24 殿阁（243 间）组成的朝鲜名刹，是朝鲜的文化瑰宝。初期，此寺是华严宗的一座寺院。后改为曹溪宗（禅宗）的一处福地，几经兴衰

禁止每年春天沿街诵《般若经》的“经行”活动。成宗时下令拆毁汉城内外的尼寺 23 所，严禁度僧，检查出僧中无度牒者令其还俗。燕山君更是大力推行排佛政策，废除僧科考试选拔高僧的制度，把禅、

教二宗的管理教务中心移到城外，废除京城内的一切寺社。

到李朝末年，虽然佛教信仰仍在广大群众之间流行，但出家僧尼被迫居于深山寺院，而且社会地位低下，佛教已趋衰微的境地。此后，经朝明联合抗日战争，朝鲜僧人武装从军，立下不少功劳，才使得朝鲜的佛教发展情况、社会地位的改变稍有转机，但并没有从根本上改变李朝崇儒排佛的政策。

1591年，日本丰臣秀吉入侵朝鲜，第二年日军攻陷汉城，史称“壬辰之乱”。此后，李朝联合明朝展开了英勇的抗日卫国斗争。朝鲜名将李舜臣与明将李如松、邓子龙协力，在1598年将日军逐出朝鲜。在朝鲜存亡的危急关头，爱国禅僧休静及其弟子戎马上阵，立有战功。

宣祖以后，因西山休静等禅师率僧兵在抗日卫国战争中立有战功，授予其僧职，任休静为“八道十六宗都总摄”，继休静为都总摄的是他的弟子惟政。此后担任管理南汉山城修筑职务的僧人也被授予都总摄之号。此后李朝修建一些表忠祠等，也置都总摄，但其主要职责是掌管祈祷修法事务。

从高丽知讷大师以来，曹溪宗既无严格的组织系统，传法世系也不明确，至李朝时一些禅僧皆自命曹溪禅系，而在曹溪宗内实际传播的主要是临济禅法，一些禅、教二宗的僧人往往禅、教双修。休静先任“教宗判事”，又任“禅宗判事”，壬辰卫国战争中受任“禅教十六宗都总摄”，弟子也继任此职，可以说明李朝禅、教二宗融合的情况。李朝佛教至休静及其初代弟子时，稍见恢复，但不到半个世纪又受到排斥和压抑，日渐衰微。

小知识◎日本的“五山禅僧”与“五山十刹”

在日本文化史上，所谓的“五山禅僧”具有独特的历史地位。“五山禅僧”泛指在五山十刹及在它们影响下的一切官寺中的禅僧，“五山十刹”是在全国禅寺中选出五个规定为最高位的寺院，在它们之下再置十所禅院。这种制度是仿照中国南宋的做法。中国南宋嘉定年间宁宗时，由于臣下奏请确定江南禅寺的等级，宋宁宗于是设立禅院的五山十刹，以所在五山的禅院为上，十刹之寺的地位在五山之下。宋代的禅院五山十刹，享有很多特权，住持由官方派任，寺院的建筑雄伟。日本在效仿中国的五山十刹基础上不断完善，形成了具有日本风格的“五山十刹”。

◎朝鲜爱国禅僧休静

朝鲜僧人休静（1520 ～ 1604 年），号清虚子，由于他久住妙香山，世称西山大师。休静是朝鲜曹溪宗祖师之一，师承知讷大师，又受到智严一系的影响，因此也归属于临济宗禅法，是这一时期朝鲜的著名禅僧。休静大师 21 岁时，在朝鲜曹溪宗一脉受戒出家，后来到灵观师门下参禅学法。30 岁的时候，休静经过禅科考试而获得升任，成为教宗判事、禅宗判事。到 37 岁之后，休静大师放弃职位，入山教授弟子。日军入侵朝鲜之后，朝鲜国君宣祖任命休静为“八道十六宗都总摄”，让他招募僧人来做士兵。其时的休静以 73 岁的高龄在顺安的法兴寺集僧 1500 人，并向全国寺院号召爱国僧人参军来保护家国，他的弟子惟政募集了义僧 700 人，处英募集了义僧 1000 人，灵圭募集了义僧 700 人，各路僧兵会合之后归休静统一指挥。休静的僧兵与中国派去救援的明军统帅配合默契，在牡丹峰战役中表现英勇，在收复平壤、开城和汉城的战斗中也立有战功，对于打退日军立下了不少功劳。后来，休静因为年事已高，将“都总摄”的位置及其相应事务都交给自己的弟子惟政、处英后，便往来各山寺刹教导弟子。无论是休静，还是其弟子，都对李朝末期的佛教产生了较大的影响。

二 声留千古法名扬

——两代名僧

明清时期，主要的佛教高僧都是出自禅宗，其中又以临济宗为盛，而从明初的第一宗师梵琦到明末四大高僧，他们的思想及修行都呈现出明显的禅净双修的特点。到了清代，佛教体现出的特点就是藏传佛教得到很大发展。章嘉活佛作为几朝国师，发挥着重大的影响。

1. 明朝第一宗师
——楚石梵琦

梵琦（1296～1370年），嘉兴天宁寺名僧。俗姓朱，幼时字昙曜，后又字楚石，明州象山（今浙江省宁波市境内）人，是明初最著名的禅僧，被称为明代“国初第一宗师”。

自幼出家，名扬内外

梵琦4岁时父母双亡，靠祖母抚养长大。梵琦聪明过人，祖母口授《论语》，他一听就能记住，6岁善对，7岁善书，当地人都称他为奇童。9岁时，梵琦随亲属渡海到海盐县天宁永祚寺，跟随讷翁谟禅师学习经论。后又依其族叔于湖州崇恩寺学习经论，16岁时在杭州昭庆寺受具足戒。因其文采出众，浙江一带的径山寺、净慈寺等名寺的大德都想将他召到门下。20岁时，梵琦回到崇恩寺刻苦钻研经论。后来，梵琦听说临济宗杨岐派第八代禅师元叟行端在径山寺开法，便前去参问。接着，他被元英宗（1303～1323年）选中到北京写经。

进京后的一天晚上，梵琦刚睡醒，听到城门楼上鼓声响，豁然大悟。同年南归，梵琦再到径山寺访元叟行端禅师，并受元叟印可，充当首座。

元泰定元年（1324 年），行宣政院（管理全国佛教事务及藏族事务的机构宣政院的地方派驻机关）因梵琦的声誉颇高，命其到海盐（今属浙江省）的福臻寺做住持。天历元年（1328 年），梵琦迁到同州的天宁永祚寺，梵琦在此建千佛阁、镇海塔。后又兼杭州报国寺、嘉兴本觉寺住持。至正七年（1347 年），梵琦受元顺帝赐号“佛日普照慧辩禅师”。

元至正十四年（1354 年），逢兵荒马乱，千佛阁被拆毁。到至正十七年（1357 年），64 岁的梵琦仍旧回到永祚寺筑室而居，别号“西斋老人”。至正二十三年（1363 年），海盐州吏坚持请梵琦做永祚寺住持，梵琦婉拒，让其得法上首弟子替代自己。梵琦将毁于兵火的佛塔修好后，隐退于寺西“西斋”，专事念佛、著作。

作为诗僧，梵琦曾撰净土诗百余首，著有《楚石集》《楚石梵琦禅师语录》《西斋净土诗》等。后人评其诗“僧中龙象，笔有慧刃”。楚石梵琦还留下了《六会语录》《西斋净土诗》《慈氏上生偈》《北游集》《凤山集》《西斋集》等诗文及佛学著作，有的著作还传入日本。楚石在《六会语录》中，赠予日本僧的诗偈有 28 首，赠予高丽僧的有 4 首。还有一批日本学问僧也都朝拜过楚石梵琦。

明朝建立后，朝廷对梵琦依然礼遇有加，洪武元年（1368 年），73 岁的楚石梵琦应朱元璋诏召，赴蒋山说法。是年与翌年，明太祖两次大做法事，均请梵琦参加，并亲承顾问，出内府白金以赐。洪武三年（1370 年）七月二十六日，梵琦写完最后一道偈颂便溘然圆寂，世寿 75 岁，后人在天宁西斋为其建立了舍利塔。

禅净双修，影响深远

梵琦是元叟行端的弟子，元叟是宋代临济宗杨岐派大慧宗杲（1089 ～ 1163 年）的第四代传人。大慧宗杲在批判文字禅的基础上而形成的“看话禅”正是梵琦思想的源头。看话禅，就是从古代的公案中找出某些语句进行参究，从而打破疑情，克服主观的偏见，最终明了佛教所说的道理。

大慧宗杲的看话禅与曹洞宗禅师宏智正觉（1091 ～ 1157 年）的默照禅曾经对禅宗的发展产生很大的影响。进入明朝以来，由于诸宗合流和禅风的流弊，禅宗修禅的方式开始式微，而以称念阿弥陀佛佛号为主的净土宗的影响却日益扩大。在这种情况下，禅宗人士开始改变对西方净土思想和净土宗的抵触态度，逐渐接受净土观念，并开始禅与净的融合，提出禅净双修的主张。

禅净合流的思想最早出现在五代时期，法眼宗的著名僧人永明延寿大师（904 ～ 975 年）将净土思想引入禅宗，首先改变了禅宗和净土宗相互诋毁的局面，也开创了中国佛教禅净双修的发展理路。不过，到明朝初年，大多数禅宗修行人，还是不容易接受净土宗念佛往生西方净土的思想。

梵琦作为一名禅僧，也坚守禅宗立场。在梵琦看来，参禅是入道的唯一路径，认为通过参禅能够达到觉悟。但是他也不反对禅僧念佛。梵琦的禅法继承了传统禅宗强调自主、反对求知求解的基本精神，以呵佛骂祖的方式来强化自主精神，对教门和禅门，梵琦实际上都提出了批评，他以此来说明一切皆空的道理，断绝众生成佛作祖的妄念，好好地做个无心无事的平常道人。

实际上，梵琦的禅最终还是归于净土，具有禅净合一的趋向。梵琦之所以能够在佛教历史上留下浓重的一笔，其很大的原因在于除了其参禅思想和功夫之外，他还写了著名的《西斋净土诗》，表达他对西方净土的追求。明末的净宗九祖蕅益智旭在编辑梵琦的《西斋净土诗》时，明确指出梵琦净土诗的目的是“稽首楚石大导师，即是阿弥陀正觉”。梵琦认为必须将禅、净结合起来，唯心净土与西方净土、参禅与念佛不一不异。

梵琦以禅僧的身份兼顾念佛，并最终求生净土，一方面继承了永明延寿以来禅净双修的传统，另一方面也极大地影响了后世佛教尤其是晚明佛教。梵琦之后，禅净双修成了后世佛教发展的方向。晚明四大高僧之一的云栖祩宏就深受梵琦的影响，对其评价很高，认为“本朝第一流宗师，无尚于楚石矣”，并在其《皇明名僧辑》里，把梵琦列为《正录》十人中的第一人。此外蕅益智旭称梵琦是后不见来者式的大师，称颂其作为禅师而又向净土的归向。

2. 黑衣宰相

——道衍

道衍（1335～1418年），明初僧人，俗姓姚，赐名广孝，字斯道，号独庵、逃虚子，本是医家子弟，长洲（今江苏苏州）人。

一时名僧

道衍禅师

清代线刻图，五十五世独庵道衍禅师

姚广孝14岁出家于杭州妙智庵，法号道衍，初习天台教观。元至正二十三年（1363年），就学于径山，从愚庵大师潜心于内外典籍之学，成为当时较有名望的高僧。先后为临安普庆寺、杭州天龙寺、嘉定留光寺的住持。

道衍年少好学，极为聪明，诗、书、画皆工，善阴阳术数，通儒、道、佛诸家之学。他游历四方，与当时许多吴中文人往来频繁，交游酬唱、评书品画，有人把他列为“北郭十友”之一。他不仅与文学家宋濂、高启等交友，还曾跟随灵应宫的道士席应真学习道家经典《易经》、方术及兵家之学。

明朝洪武年间，朝廷下诏，命精通儒学的名僧集于礼部考试，道衍被选应考，由于才学出类拔萃、考试名列前茅，道衍本可授予官职，但他不愿接受封官，仅受僧服之赐，返回寺院。

燕王谋士

洪武十五年（1382 年），马皇后逝世，明太祖朱元璋下令选取有道高僧供奉诸王，当时任僧录司左善世的宗泐（1318 ～ 1391 年）对老朋友道衍的才学极为钦佩，推荐道衍侍奉明太祖第四子燕王朱棣。48 岁的道衍来到北京，主持庆寿寺。燕王朱棣召见道衍，二人交谈极为相契，相见恨晚。此后，道衍经常出入于燕王府邸，成为燕王的心腹谋士。

太祖驾崩之后，惠帝登基，削夺诸王权力。道衍密劝燕王起兵，并为之决策“战守机事”。建文元年（1399 年）六月，燕王决定起兵，道衍作为燕王的主要谋士，以他的谋略佐助燕王当机立断，决意起兵，出奇谋劝朱棣要破釜沉舟、出师决战、远袭京师（指南京）。燕王听从道衍的劝告，挥师南下，攻下南京。

黑衣宰相

在中国佛教史上，禅宗在惠能大师之后极盛于唐宋。而到明代时，南禅的临济宗也比其他宗派更有影响，在政坛、文坛上都有显著的地位，都与道衍对当时朝政的影响有一定的联系。

明成祖朱棣登基之后，在北京定都。道衍在朝廷中的地位极其显赫，他得到明成祖的宠信，被朝廷任命为僧录司。道衍作为临济高僧，又作为当时全国最高僧官，具有统领全国佛教事务的权力。永乐二年（1404 年），明成祖封道衍为资善大夫、太子少师，还下诏恢复他的俗姓“姚”，赐名广孝。明成祖与道衍说话的时候，称呼他为少师而不称呼他的名字，以此来表示对他的尊重和宠信。明成祖还赐给他府第以及貌美的宫人，道衍都不接受。此外，皇帝赏赐给他的金银财宝，道衍也都转赠给宗族乡人。

道衍具备政治谋略，善于行军作战，一生建树颇丰，是明朝一位了不起的政治家、谋略家。但是从 14 岁出家时起，他作为僧人的决心就很坚定。明成祖曾命令道衍蓄发，但道衍执意不肯改变自己的僧人身份，明成祖只好作罢。即便身居高位，道衍还是经常住在佛寺内，并且严守佛教戒律，上朝的时候穿着朝服冠带，退朝之后他就换上袈裟僧服，正由于此，道衍成为中国历史上少见的、位极人臣却身穿僧衣的出家人，因此被后人称为“黑衣宰相”。道衍的身份对当时佛法的弘扬起到了积极作用。道衍和尚的修学也有一定成就，他在修行上主张禅净双修，并且著有《净土简要录》1 卷、《佛法不可灭论》1 卷、《道衍余录》1 卷，还著有诗文《诸上善士咏》1 卷。

道衍和尚不仅在明朝政治舞台上、在佛法的弘扬中起到了举足轻重的作用，他对于明朝的文化事业也做出了杰出贡献。明成祖的时候，命令道衍监督重新编修《太祖实录》，道衍还和名士解缙等纂修了《永乐大典》。《永乐大典》是一部重要的文献总汇，也是我国甚至世界上最早和最大的一部百科全书。

永乐十六年（1418 年），84 岁的道衍因积劳成疾，在庆寿寺病逝。

明成祖极其悲痛，两日罢早朝以示追思，并以僧礼葬之，以尊重其生前意愿，百官吊唁者络绎不绝。同时，还追赠其“荣国公”的封号，谥恭靖，赐葬房山县东北，塔于西山。洪熙元年（1425年），加赠少师，配享成祖庙庭。道衍是唯一一位被授予“荣国公”封号的僧人，是中国僧人里的一大传奇。

3. 净土八祖
——云栖袾宏

袾宏（1535 ～ 1615 年），杭州人，俗姓沈，为莲宗第八祖，和紫柏真可、憨山德清、蕅益智旭并称为明代四高僧。

建云栖丛林

袾宏原为儒家子弟，17 岁时举诸生，27 岁以后，在 4 年之间连遭丧父、失儿、亡妻和丧母的刺激，以及出于此前对“生死事大”的思考，他于嘉靖四十五年（1566 年）决意出家，作《七笔勾》，投西山无门性天禅师落发，并于昭庆无尘玉禅师座下受具足戒，自号莲池。

袾宏受具不久，即带着瓢钵、锡杖云游四方，以遍访名师，请求教益。他曾拜谒遍融禅师，禅师教导其勿贪名利，唯一心办道，老实持戒念佛。后来袾宏在柳庵参访临济宗高僧笑岩德宝（1512 ～ 1581 年），受益很大。辞别德宝后，在向东昌的归途上，袾宏听到谯楼的鼓声，忽然大悟。

隆庆五年（1571 年），袾宏从外地参访回到杭州，来到梵村乞食，见云栖山水幽寂，于是在那里结茅安居。当地原有老虎作乱，袾宏发悲心，为之诵经千卷并施食，虎患得以终止。由此得到梵村居民的随喜，为他建立禅堂、法堂，不久他所结茅之处竟成了著名的丛林。

梵村旧有座桥，常因钱塘江大水倒灌而冲塌，给人们的行走带来极大的不便，袾宏见到这一情况就提议修一座新桥。他要求当地居民，不论贫富贵贱，每人捐银八分，为避免加重居民负担，绝对不接受多给的银两。为时不久，修桥必需的资金集齐，桥也就顺利地造成了。

为当地除去老虎的祸患、给村里修建桥梁等都体现了袾宏慈悲为怀、济世救民的佛家情怀。除此之外，袾宏还写作了当时弘传一时的《放生文》，修造放生池，号召成立专门进行放生的组织，提倡戒杀放生。在他的倡导之下，戒杀放生之风在各地兴起。袾宏以佛教的慈悲济世精神，为民众办了许多好事，因此，云栖道场受到上自达官贵人、下至庶民百姓的尊重和支持。袾宏的善行不仅弘扬了佛法，也为他能够在云栖长久居住打下了良好的社会民众基础，他被当时当地的人们称为“云栖菩萨”。

云栖袾宏大师

清代线刻图，莲社八祖明云栖莲池大师。莲池大师（1535～1615 年），俗姓沈，名袾宏，亦称云栖大师，明代杭州云栖寺僧，为净土宗第八祖

开净土宗风

云栖寺虽是当时的佛教中心，住僧千余，但是和明代一些恢宏的庙宇比起来，建筑规模并不算大，但袾宏本人对于扩建寺院并没有什么兴趣。由于僧舍不足，有些僧人就在

房外支阁居住。即便是在这样的情况下，寺院依旧管理得井井有条，这都得益于袾宏制定的规章制度。袾宏对出家人要求极严，为了使寺院环境清净、住众关系融洽，也为了有利于精进道业，他专门制定了《僧约》十条。如果有违反《僧约》的，立刻会被清除出寺院。云栖寺能经历数百年而不衰，可以说主要是仰赖袾宏所订立的各项规约，使得寺院里的良好秩序和宗风得以长久保持。

袾宏单提净土，融汇各宗，是从永明延寿以来，融禅净教律为一体之大成者，主倡禅净不二。他还以华严"一"即一切的圆融理念诠释念佛法门，认为念佛是大总持法门，含摄菩萨六度万行，囊括"一"大藏教理的精义。由是，袾宏不主张阅藏，而主张一心念佛。

袾宏对于清规严加整饬，在南北戒坛久禁不行的情况下，他命令前来请求受戒的人具三衣，在佛前受之，由袾宏自己为证。已经受戒的出家人，半月诵《梵网经戒》及《比丘诸戒品》。袾宏策励清规，严明梵行，以救末世疲弊之习，由此而成为他的净土思想一大特色。

木版画：《云栖梵径》

又称"云栖竹径"，清代西湖十八景之一，位于杭州五云山云栖坞的云栖寺。出自《西湖志》，清代李卫等修，傅王露等纂，共48卷，光绪四年浙江书局重刻本

在律学方面，袾宏著有《沙弥要略》《具戒便蒙》《菩萨戒疏发隐》等，建立了律规的范例。他还修订了《瑜伽焰口》《水陆仪轨》及《朝暮二时课诵》的仪式。这些仪式，一直流传到今天。

虽然袾宏对于华严宗和禅宗思想的研究都很深入，但他思想的主要归属还是净土。他认为净土的思想和各宗并不存在对立。袾宏也同样重视经教。他认为摄心是学佛的主要方法，念佛是摄心的捷径，并以"念佛门""止观门""参禅门"等修行方法为方便法门，从教理上指出禅净的一致。因此，云栖的宗风以净土法门为主，其带领弟子在冬季坐禅，其他时候兼讲经论。

留千古文字

袾宏一生虽然重点在弘扬净土思想，但也勤于著作文字。万历十二年（1584 年），为弘扬净土，袾宏编著《往生集》，记传古今往生者的事迹。袾宏对于儒佛两家都有自己的独特看法，虽认为两者根本上存在不同，但他却采取调和的态度。他写下《儒佛交非》《儒佛配合》等文来表达自己的看法。

此外，袾宏的著述主要有《菩萨戒疏发隐》5 卷、《弥陀疏钞》4 卷、《具戒便蒙》1 卷、《禅关策进》1 卷、《缁门崇行录》1 卷、《水陆法会仪轨》6 卷、《楞严摸象记》10 卷、《竹窗随笔》3 卷、《山房杂录》2 卷、《云栖遗稿》3 卷等 30 余种。这些著作在袾宏圆寂后由其僧俗弟子大贤、邹匡明等搜集整理、编排目次，分为释经、辑古和手著三类，总称之为《云栖法汇》。崇祯十年（1637 年），比丘智瑛将其刊为方册本，现在流行的版本则为清光绪二十三年（1897 年）金陵刻经处所重刻的。

作为弘化一方的高僧，袾宏在明末享有极高的声誉。当时信佛的很多著名文士与官宦，如宋应昌、陆光祖、张元、冯梦祯、陶望龄等，都听过袾宏的讲法，并且深感佩服。此外，袾宏的僧俗弟子不下数千人。其中，居士比出家人还多，大多数都是海内知名之士，这同时也反映出明代居士佛教的兴盛。

万历四十三年（1615 年）六月，袾宏面西念佛，溘然而逝，世寿 81 岁，僧腊 50。从佛教史的角度来说，袾宏不但是净土宗的大师，也是华严宗的名僧，因此受到两宗学人的共同推崇，清守一的《宗教律诸宗演派》将袾宏列为华严宗圭峰而下的第二十二世。到清道光四年（1824 年），悟开写作《莲宗九祖传略》，又列云栖为莲宗第八祖。

袾宏生于佛法走向衰微的明代末年，但他凭借自己的真才实学，重新弘扬净土宗风。他独具特色的净土思想，对后世影响深远。他的言传身教，证悟境界，都无愧于一代祖师的称号。袾宏之后的高僧憨山德清，对于袾宏极为推崇，曾经盛赞他："惟莲池大师的才具，足以经邦济世；悟性，足以传承心印；教理，足以契合根机；戒律，足以护持正法；操守，足以警励世人；规约，足以疗救时弊。"可以说这是对袾宏的极高评价。

4. 远追临济，上接大慧
——紫柏真可

真可（1543 ～ 1603 年），字达观，晚号紫柏老人，其门人称之为紫柏尊者，俗姓沈，江苏吴江人。

立志出家，四方游学

真可法师的先祖，本来是句曲（今江苏句容）人，后来迁徙到吴江太湖畔定居。据说在他快要降生的时候，其母亲沈夫人梦见有一非同凡常的人送给她一枚蜜桃，夫人梦中喜悦醒来，即生下真可。虽然真可出生时候有异相，但是直到 5 岁还不开口说话。虽然广请名医，他始终不曾开口。后来有一位游方异僧路过，对真可的父母说："这孩子日后出家，投身佛门，一定能做人天师。"从那以后，真可就开口说话了。

到 17 岁的时候，真可便辞别父母，出门游历。在姑苏（今江苏苏州）遇到了一位虎丘寺的僧人明觉，二人相谈甚欢，真可第二天就请明觉为自己削发剃度。明觉和尚见他非常诚恳与执着，便点头答应了。从此，真可法师便尊明觉为师，投身佛门。从削度的当晚起，真可就夜伴青灯，面对古佛，打坐诵经，通宵达旦。真可 20 岁的时候，明觉又给他受具足戒。此后，真可便开始了云游四方的生活。

真可曾经拜谒大名鼎鼎的临济宗遍融禅师，二人问答之间，真可机锋敏捷，令遍融点头称许，因此就留他一起参研了整整 9 年的时间。9 年之后，真可又南下故土，参谒师尊明觉。之后，他来到淞江闭关百余天。

刻印藏经，广修庙宇

万历初年，真可听高僧法本谈起袁了凡慨叹请经困难，有改变梵夹的版式为方册的形式来方便印造流布的愿望，而法本自顾力弱难行。至是，真可写下《刻藏缘起》，陈说刻藏利益，鼓励时人募刻全藏。此举得到当时著名文人陆光祖、冯梦祯等人的热心赞助之后，真可就安排僧人密藏筹备刻经事宜。真可等人在万历十七年（1589 年）开始刊刻，耗资巨大。先是在五台山，后又改迁到径山寂照庵等地，共刊刻出数以万计的经卷。

方册本大藏经从五台开雕以来，历时 88 年才算全部完刻。康熙十六年（1677 年）以后，方册藏还续刻了又续藏。它全体分为正藏、续藏、又续藏 3 个部分，共 352 函。方册藏的倡刻者紫柏、密藏都很注意搜集藏外著述，开版以来即陆续刻出。方册藏的版式，废除了过去藏经的裱折的梵夹式而采用线装的书本式，书口刻部类、书名、页数及千字文编号。每卷末都有刊记，载明施主、校对者、写者、刻者等人的姓名，刻版年月、刻场等，极便稽考。每册容纳经文二至五卷，在印造上比之梵夹要经济轻便得多。方册本藏经以《北藏》为底本，而以《南藏》及少数宋、元本藏经对校，按照比较合理的文字改订，遇有疑难，在检经会上讨论决定。这样的校勘方式比较科学，万历三十一年（1603年）以前所刻，还较为认真遵守，后来刻场分散各处，就不能贯彻之前的校勘方式了。方册藏对于以后刻藏的影响，主要是方册本的格式和对藏外典籍的网罗。清代官刻大藏经内新的入藏典籍，大部分采自本版藏经的续藏及又续藏部分。清末金陵刻经处提倡刻经，并引起各地仿刻，版式完全仿照方册本而缩小；内容也不受旧版入藏范围的限制，不依旧藏的编次，但以流通佚籍和适应需要而选刻。这些可说都是继承了方册藏的优良传统。

《嘉兴藏》是我国从宋代到明清之间收录经论最多的一部大藏经，收书2191部，而清代乾隆年间所颁行的《龙藏》，收书1669部，比《嘉兴藏》少收522部。《嘉兴藏》正藏与《北藏》《龙藏》都相去不远，该藏收书量之多，主要在于其有续藏。与正藏相比，《嘉兴藏》续藏部分的史料价值更加突出，因为其中收集了500多部之前的各种藏经所从未收录的佛典。从《开宝藏》以迄《龙藏》的我国古代大藏经，像《嘉兴续藏》这样收有500多部首度入藏佛典的情形，也是绝无仅有的。说到《嘉兴藏》的特色，最为人称道的，是它的装订方式是“易梵夹为方册”，就是把原本流行的梵夹本改为现代人所说的“线装书”形式。

万历二十一年（1593年）七月，真可和憨山德清一起，前往曹溪洞开法脉，准备编修《大明传灯录》。两位高僧先来到匡山（今江西庐山），广泛搜集经籍，精进修持，一直坚持了3年。到万历二十三年（1595年），皇太后为憨山大师修筑了一座巍峨的海印寺，来盛放藏经，可是没想到他们所编修的《大明传灯录》的别录无意中得罪了朝廷，德清也被官府认定为私建寺院，被贬放到广东，其续修《传灯录》

的想法因此也没能实现，刚修筑起来的海印寺也被一把大火烧为灰烬。

真可法师也因此牵连入狱，并于万历三十一年（1603 年）十二月十七日在狱中坐化，世寿 61 岁。万历四十三年（1615 年），在真可法师圆化 12 年之后，其尸身才得以埋葬在双径山。

在真可 41 年的僧侣生涯中，其足迹遍布大江南北，每到一处，见到荒废的古刹佛寺，真可法师都要尽力修复。正是凭着对佛门的这腔执着，他在有限的一生中，先后直接和间接地修复、振兴了 15 座已经废弃了的佛寺，获得了僧侣、民众的广泛赞誉。这无论是在有明一代，还是在整个中国历史上，都是绝无仅有的。

一代高僧，法雨传世

作为一代高僧，真可也写有许多著作，现存的有经德清校阅过的《紫柏尊者全集》30 卷和别人纂校的《紫柏尊者别集》4 卷、《附录》1 卷等。《紫柏尊者全集》中收录了真可的法语、经释、序跋、铭传、书信和诗歌等，别集里则补收了全集里所未收的杂文、赞偈、诗、书问、语录和附录等。真可的这些著作对佛法的弘扬起到了很大的作用，如清朝著名居士彭际清，就是在看到真可的全集之后，对佛法升起了信心。

真可一生参叩诸方尊宿，并没有专一的师承。他立志复兴禅宗，但对于佛教各派，乃至儒、释、道三家的思想，均采取调和的态度。在禅净关系上，真可对净土法门有很高的评价，认为净土往生比参禅得悟难度更大，需要花费更大的气力。他所制订的《礼佛仪式》，除发愿礼拜十方三世一切诸佛外，还教人礼拜西天东土历代传宗判教并翻传秘密章句的诸祖，这是他调和诸宗思想的具体表现。真可在晚明是一位很有影响的人物，他与思想家李贽一起，被称为当时的“两大教主”。真可的好友憨山德清，称他的宗风足以“远追临济，上接大慧”，可见真可在明末佛教界中的声望。

小知识◎《嘉兴藏》的刊刻

《嘉兴藏》是中国晚明开雕的私版大藏经，即紫柏真可倡印的藏经。这部藏经先在各处分刻，最后集中版片储藏于径山（现浙江省杭州境内）化城寺，它的版式改变了向来沿用的繁重的梵夹式，而采取轻便的方册即一般书本式，因此得名为《径山方册藏》。因此藏后来全部由嘉兴楞严寺经坊印造流通，所以也称《嘉兴藏》。为了刻印此藏经，紫柏和密藏到北方劝募，又和憨山订盟，这一刻藏运动的影响便扩大到南北僧俗中。万历十七年（1589年），紫柏决定以五台山紫霞谷妙德庵为刻场，开始刻《华严合论》《梵网经》《起信论》等。连续4年，刻成正续藏共520余卷。因为五台山气候过冷，刊刻不便，紫柏等人乃于万历二十二年（1594年）冬，将刻经场南迁径山寂照庵。万历二十三年（1595年），密藏病卒；万历三十三年（1605年），紫柏卒于燕都。然而，当时有力赞助刻经的居士们也多没落，藏经刊刻之事的进行遭遇困难，不能再集中于径山，只好在嘉兴、吴江、金坛等处随着施款就地散刻，而刻成的大部分经版被送到嘉兴楞严寺经坊印刷流通。直到清康熙六年（1667年），正、续藏才基本完成。以后复补刻缺本，于康熙十五年（1676年）完工。

5. 曹溪中兴之祖
——憨山德清

德清（1546 ～ 1623 年），明末四大高僧之一，字澄印，号憨山，俗姓蔡，全椒（今安徽全椒）人。

宿缘深厚，游历参学

德清满周岁时曾大病一场，母亲在观世音菩萨像前祷告：愿舍儿出家。不久，德清病好，为此，德清的母亲将他寄名于本地长寿寺，取乳名为“和尚”。7 岁时，由于家中亲人去世，德清开始对生死去来之疑问常加思考。

9 岁时，在寺庙中读书的德清已能念诵《法华经》中的《观世音菩萨普门品》。德清 12 岁入报恩寺，立志作佛，并依西林永宁禅师学习佛教诸经典及四书五经、诸子百家、古文词赋等。德清 19 岁时，前往栖霞寺参礼云谷法会禅师。云谷禅师令他阅读《传灯录》和《高僧传》。当他读到《中峰广录》这一部分时，忽然心生欢喜，决志参

观世音菩萨

观世音菩萨，《法华经普门品变相图》（局部），五代（10 世纪中期），绢本设色。全图纵 86.1 厘米、横 54 厘米。出自于甘肃敦煌石窟藏经洞（第 17 窟）

禅。于是他便请求永宁禅师为他剃度，并焚弃俗书，专究生死大事。虽用功精勤，惜乎未得其要，终无所入。于是他便改持阿弥陀佛圣号，昼夜不断。

不久，德清禅师又从无极明信禅师听习《华严玄谈》，得悟法界圆融之旨，因自号“澄印”，以示对华严四祖清凉澄观大师（738 ～ 839 年）的仰慕。后来，德清在无极明信禅师那里受具足戒，26 岁时外出游方。到达五台山的时候，见北台憨山，奇秀可爱，遂默取为号，“憨山大师”因此而得名。

德清游方到北京时，参访了华严宗的遍融真圆和禅宗的笑岩德宝两位高僧。万历二年（1574 年），德清看魏晋名僧僧肇的名作《物不迁论》，忽然顿悟生死之事，于是幼时所疑，全部化解。

万历四年（1576 年），袾宏游历五台山时，德清特意前去拜访，两人一见如故，深入交流佛法。在晤谈的 5 天里，德清深受袾宏禅净

憨山德清禅师

清代线刻图，明曹溪憨山德清禅师。德清禅师（1546～1623年），俗姓蔡，安徽人，明末四大禅师之一

兼修思想的影响。到万历十一年（1583年），德清离开五台山，向东来到牢山（今山东崂山）结庐修行，并正式用“憨山”作为自己的号。当时的皇太后曾经派人来请德清，并给与诸多供养，德清都加以推辞。万历十四年（1586年），神宗皇帝印赠了15部大藏经，皇太后特意将其中一部送到牢山，由于没地方安放，又为德清造寺，赐额“海印寺”。德清在牢山13年，当地道士以德清侵占道院为由上告，由于神宗皇帝本人较重道教，又因为皇太后费资奉佛，于是迁罪于德清，于万历二十三年（1595年）以私造寺院的罪名逮捕德清，将其发配雷州。

德清到达雷州后，正遭遇到当地疾病流行，死者无数，德清带头掩埋死者，并召开法会超度亡灵。不久，德清受命到广州，当地的许多信徒慕名而来，听其宣讲佛法。

中兴祖庭，经论传世

万历二十八年（1600年），德清来到六祖惠能的祖庭曹溪，感叹于禅宗祖庭的败落，于是着手进行整治。历经了一年的时间，曹溪祖庭焕然一新，呈现出中兴之势。万历三十四年（1606年），德清又回到曹溪继续营建祖庭，但有僧人诬告他私自使用净财，虽然两年后真

禅宗祖庭南华寺

万历二十八年（1600年），德清来到禅宗祖庭曹溪南华寺，并着手进行整治，历经了一年的时间，使曹溪祖庭焕然一新

相得以水落石出，确属诬告，德清还是辞去曹溪住持的职位，来到广州讲经。

万历四十一年（1613年），德清再次离开广州来到湖南衡阳。万历四十五年（1617年），德清前往杭州，先后为真可和袾宏制塔铭，同年到达庐山修持净土，并讲解经论。

德清一生著述非常丰富，对于很多经典都进行过注疏，其注疏类作品主要有：《华严经纲要》80卷、《金刚经决疑》1卷、《圆觉经直解》2卷、《般若心经直说》1卷、《大乘起信论疏略》4卷、《肇论略注》6卷、《观楞伽经记》8卷。此外，他还著有《性相通说》2卷、《憨山绪言》1卷以及一些分析和发挥儒道两家思想的作品，如《观老庄影响论》《大学直指》《中庸直指》等。

德清的佛学思想，并不拘于一家，与圭峰宗密、觉范和延寿各位前代高僧都有相似的地方。在法界观上似宗密，在文字禅方面似觉范，在以心为宗方面又与延寿相像。德清是临济系统内的禅僧，在禅学观上，德清坚持原禅的一些基本观点。他认为“三界唯心、万法唯识”，

真身菩萨

位于广东韶关南华寺祖殿，3 座仿阿育王式木塔佛龛分别供奉着 3 具肉体真身菩萨，左为明代丹田和尚真身，右为明代憨山德清和尚真身，居中者则为禅宗六祖惠能大师真身

而佛法就是解说这 8 个字。德清并不反对参话头，但是他指出，参话头不是在公案话头、文字语句上下功夫，最重要的是参究自己。因此，德清的净土思想，是自心净土，这与净土宗所讲的西方净土有所区别。

在具体修行方法上，德清主要弘传的是念佛法门，他在雷州时，就向不能进修自度的人传授念佛三昧，要求他们专心念诵阿弥陀佛名号。德清不只主张禅净融合，也讲禅教融合，三教融合。

作为明末很有影响的一位高僧，德清一生所度弟子很多。他又喜欢写作诗文，为人写作了大量的碑铭、序跋之类的作品。他振兴禅宗祖庭，被尊为曹溪中兴祖师，但在思想上仍沿一般的融合各家的模式，未能有更进一步的创新。

天启二年（1622 年），德清又受请回到曹溪，次年圆寂，世寿 78 岁。大师灵体三天以后依然栩栩如生，面目白皙，嘴唇红润，手足绵软，如入禅定。一年后，憨山大师灵龛被送归匡山。由于匡山的地气较阴冷，不方便安葬，经过二十年后又从匡山重返广东曹溪。大众开灵龛瞻仰，看见大师结双跏趺坐，面色如生。弟子们为大师肉身披上了千佛衣，供奉于寺内。现在，憨山大师与六祖慧能的肉身并列供奉于曹溪南华寺内。

6. 临济三峰派宗主
——汉月法藏

汉月法藏（1573～1635年），三峰派开祖，密云圆悟禅师之法嗣，俗姓苏，号于密，江苏无锡人。

修行悟道

汉月禅师15岁出家，19岁受具足戒，一度究心教典。汉月自28岁起，感到宗门一事未明，于是便在祖师像前烧香燃臂，发誓愿不惜身命，力弘祖道。此后，汉月禅师开始行脚参方，遍访名师，时间长达8年之久。在四处行脚的时候，汉月也在努力寻求受大戒的机会。1601年，在他29岁之时，第一次来到云栖寺向莲池祩宏大师请求受大戒，祩宏以“朝廷戒坛未开”为理由拒绝了他的请求，只给汉月受了沙弥戒。3年后，汉月再次上云栖山求受大戒，祩宏还是以朝廷戒坛未开为由，坚持不接受汉月的请求。直到汉月37岁的时候，恰好遇到古心如馨在南京灵谷寺开坛受戒，汉月才如愿圆满，受了具足戒。

39岁时，汉月想起自己曾说过40岁能悟道，而40岁已迫在眉睫，于是更加精进。汉月努力参究“万法归一，一归何处”之公案，可是未能彻旨。后来，他便隐居于虞山之三峰。在隐居期间，汉月禅师奋志用功，夜不倒单，历尽了千辛万苦。

汉月45岁的时候，憨山大师从五乳山来到双径山，到杭州云栖寺为祩宏作《塔铭》。当时各地僧徒领袖云集西湖，盛况空前。憨山大师归途经苏州，被当地的弟子还有居士钱谦益等人郑重迎请到常熟虞山讲解《梵网经菩萨戒》，汉月因而能够有机缘见到憨山德清，并且与大师一起交流佛法，这是汉月初次与憨山大师往来。憨山大师很欣赏汉月，此后二人书信来往很多，曾经讨论如何选择“如来禅”与“祖师禅”一事。后来，汉月还受到约请前去庐山看望憨山大师。

创派三峰

汉月禅师悟道后，并没有经过大德的印证。在接众的过程中，他感觉到这样不太正规。于是，他前往金粟礼谒密云圆悟禅师。

汉月到达金粟寺后，成为密云圆悟的首座，不久，圆悟禅师便将衣法和拂子传付给汉月禅师。汉月禅师得法后，即归三峰，此后住持过净慈、北禅、龙山、锦树、真如、圣寿等道场，并复兴了邓尉圣恩祖庭。

汉月不满圆悟提倡的“自性自悟”说，而主张禅宗五家之分派各有理由，于是在明天启五年（1625年）写下《五宗原》1卷。此书一出，圆悟也开始著书驳斥汉月的说法，汉月的弟子潭吉弘忍则支持汉月，两方于是展开争论。由于汉月和圆悟两方都属于临济宗，为区别于密云圆悟所承的临济宗，人们称汉月一系为“三峰宗”。此外，汉月门下其他弟子也很多都因为悟境而闻名诸大丛林，皆为法门龙象。汉月的佛教事业由此开始进入全盛阶段，一时，三峰一系如日中天，成为一股极其强大的势力，几乎要垄断整个江南禅宗。

崇祯八年（1635年）五月，汉月自设死关。六月十二日开启关门后，对门人开始叮嘱各种护法遗事，并为众人作最后的问答与开示。之后，汉月示现微疾，二十一日中夜起坐化，世寿63岁。

纵观汉月的一生，八坐道场，化众甚多，他所创立的三峰宗派在当时几乎被誉为江南第一禅。但是汉月的人格与学说，也几乎是毁誉参半，特别是到了晚年，他所受的纷争抨击更多，他自设死关也与此有关。

汉月虽然逝世，但他创立的三峰宗派在明末清初的影响是相当大的。然而其说颇异于旧说，故评难者很多，也被认为是异说。直到100多年后，清世宗雍正在位时，该派似有破戒放逸之风，清世宗雍正亲自写《拣魔辨异录》8卷，反驳三峰派说法，并下令毁去汉月《五宗原》的印版，不许僧徒私藏，并于雍正十一年（1733年）禁止该派之徒出入祖庭或开堂说法。从此，三峰派一蹶不振，而终至断绝。

7. 日本黄檗宗主
——隐元隆琦

隐元隆琦（1592～1673年），字隐元，俗姓林，原是福建福清县人，曾在黄檗山临济宗费隐禅师门下参学，是日本黄檗宗的创立人。

游学出家

隐元隆琦在兄弟三人之中排行第三，其二哥出家为僧。由于家贫，隐元只读了一年书就辍学，与长兄从事农樵以扶养老母，维持生计。隐元21岁时，外出寻找远游而多年没有回家的父亲，先后到过豫章（今江西南昌）、金陵（今江苏南京）等地，后辗转至宁波、舟山，都没有找到。

隐元23岁时，到南海普陀山观音道场进香，祈愿找到父亲，在看到佛刹胜景之后，坚定出家之念，于是投到潮音洞主的门下，以“道人”身份，担任为香客烧茶的“茶头执事”。此后回家看望母亲，在家奉养老母近5年。隐元28岁时，母亲去世，隐元在请当地黄檗山寺法师为母举行礼忏超度法会过程中，认识了寺中兴寿鉴源法师，并听从他的劝告，舍弃到外地出家的念头。明泰昌元年（1620年），隐元在黄檗寺礼兴寿为师，正式出家为僧。

隐元出家的地方被日本人称为古黄檗，因此寺多有黄檗（即黄柏）树，故以黄檗为名。黄檗寺原建于唐贞元年间，马祖再传弟子黄檗希运禅师曾在此出家。此后历经五代、宋，长期颓废不振。明代黄檗寺初祖中天正圆，在万历二十九年（1601年）赴京请赐藏经，然而苦等8年没有得到而在京去世。后来正圆的徒孙兴寿鉴源、兴慈镜源入京继续请经，又经过6年，在首辅大学士（宰相）叶向高的支持斡旋下，才得到皇帝所赐藏经一部678函及金、敕书、寺额、紫衣等，在寺建藏经阁收藏《藏经》作镇山之宝。黄檗寺也重新成为东南禅林的一大著名寺院。

《龙藏经》插图

清雍正十三年（1735年）至乾隆三年（1738年）的藏经木版画

住持黄檗

在明末的动乱中，古黄檗逐渐没落，而隐元也离开故乡，到浙江嘉兴的广慧寺游学，拜临济义玄法师学法，受到了极其严格的教育。后来他还师从明末极享盛名的密云圆悟禅师，在其门下参学5年，在同参道友中以应对敏捷、善作偈颂知名。崇祯三年（1630年），密云和尚应请住持黄檗寺，招隐元随从同往。此后，隐元应请住持福清县狮子岩寺，携弟子“刀耕火种”“种薯蔬为食”，在山岩绝顶修行。崇祯五年（1632年），密云的传人费隐通容应请住持黄檗寺，请隐元为西堂，辅佐他传法。费隐在明末因反对天主教在中国的传播，很有名气。崇祯十年（1637年），隐元继承了费隐的位置，做了福清县黄檗寺的住持。

第二年，隐元开始阅读御赐的5000余卷藏经，他在寺中为进京求经的祖师中天正圆造塔，并且建立“梅福庵”加以供养。此后，隐元为了重兴寺院殿堂，派出寺僧四处化缘筹资，6年之后方才竣工，整个寺院焕然一新。到了崇祯十七年（1644年），隐元邀请自己的同学亘信出任黄檗寺住持，而自己则前往嘉兴金粟寺探望费隐禅师，被任命为金粟寺前堂首座，不久他又应请来到崇德县（在今浙江桐乡市）住持福岩寺。

应邀赴日

明末，中国政治形势发生急剧变动。明崇祯十七年（1644年），李自成率农民起义军攻入北京，推翻明朝。接着，清军入关，攻入北京，清世祖即皇帝位，建元顺治。在明福王弘光元年（1645 年）二月清兵迅速南下之际，隐元南归，经过福州时应请到诸寺说法，又应当地士绅的邀请而住持长乐县龙泉寺，附近来听法的信众络绎不绝。直到顺治三年（1646 年）正月底，隐元方才回到黄檗寺。

日本长崎是与中国通商的港口，那里住的中国人很多。其中信奉禅宗的人很多，建了兴福寺、福济寺、崇福寺等，并且有邀请中国僧人担任住持的传统和习惯。由于隐元名声在外，从清顺治九年（1652 年）四月到第二年十一月，日本长崎兴福寺住持逸然性融和在家信众连续托商船主，甚至还派出专使给隐元送信和礼物，请他东渡传法，隐元起初以自己年纪偏大等为由，一再回信婉言谢绝，直到收到逸然派弟子古石送来的第四封邀请信，被对方的诚意感动，才复信表示同意东渡传法。

顺治十一年（1654 年），隐元 63 岁，前后住持黄檗寺达 17 年，在将寺院传付弟子慧门如沛住持、辞别前来挽留的僧俗信众后，携弟子多人踏上了南下东渡的征途。

弘传禅法

隐元到达长崎后，先是在兴福寺和崇福寺开坛讲经，日本各地的僧人纷纷前来受戒，盛况空前。这期间，隐元扩建了兴福寺。隐元原本没有长留日本的打算，出国前曾答应黄檗寺僧俗信众 3 年后回山，很快隐元到达日本已经 3 年，他认为自己来到日本的预期目的已经达到，于是想启程回国。但是，大阪府属下富田的普门寺坚请隐元留下，京都妙心寺的住持龙溪宗潜也推荐隐元继任妙心寺的住持。妙心寺是日本享有盛名的大寺，内部派系复杂，龙溪宗潜请隐元出任妙心寺住持的愿望终因内部的反对意见而没能实现。

1655 年，隐元移住普门寺，前来参学的日本禅僧很多。在隐元入住摄津国普门寺后的两年间连续收到黄檗寺及其师费隐通容的书信，催促他践行 3 年回山之约。隐元一再向龙溪宗潜表示要回国，然而都因为受到执意挽留而未能成行。

后来隐元应邀到外地传禅，来到江户，受到将军德川家纲的优遇。此后在京都北受赐土地建黄檗山万福寺，作为开法传禅之所。黄檗山万福寺是按照中国明代寺院的样式和风格建造的，对日本佛教界和民众有很大吸引力。

隐元自称黄檗，对自己应邀东渡日本负有一种使命感，所谓“曹溪正脉，黄檗传东”，以传播曹溪惠能的正法自任。隐元的禅法属于明代盛行的“念佛禅”，主张禅净一致，从禅宗的立场修持念佛法门，他认为“已身弥陀，唯心净土”，“万法唯心，心外无别法”。隐元著有《弘戒法仪》《语录》《云涛集》等。虽然是一名僧人，但作为知识分子的隐元还精通儒家文化和道教文化等，对中国的传统文化有极深刻的理解。因此，隐元成为继鉴真之后在日本最有影响的中国僧人。

随隐元同到日本的弟子有 30 多人，其中有的后来回到国内，留在日本的著名弟子有大眉性善等。在隐元的弟子中，嗣其法者在 22 代以前除一人是日本人外，都是中国人。隐元后继弟子中有很多人擅诗文、书画、篆刻。他们的作品受到日本各界人士和僧俗信众的欢迎，对江户时代日本文化艺术产生很大影响。隐元的日本弟子中有位名叫铁眼道光（1630 ～ 1682 年）的弟子，曾集资主持《大藏经》的雕印事业，他以明万历年间的《嘉兴藏》（方册本）为底本，于日本天和元年（1681 年）雕印完成，共 6771 卷，称《铁眼版一切经》或《黄檗版大藏经》，对后世开展佛教研究影响很大。

隐元“是曹溪正脉三十六世、临济正传三十二世”，不过他所传的临济宗在禅法上已经融汇了净土念佛法门，与日本从唐代以来传入的临济宗有明显差别。因此，他又得到江户幕府的支持，在京都宇治单独建传法中心黄檗山万福寺，这对于隐元禅法的传播是有重要意义的。万福寺从隐元开始，连续十四代住持都是来自中国的汉僧，因此被称为黄檗派、黄檗门派，在日本进入近代以后正式称为黄檗宗。这样，日本禅宗在原有的临济宗、曹洞宗之上，又新增加了黄檗宗。

担任住持第二年后，隐元就辞掉住持的位置，退居到寺内的松隐堂，并命令弟子木庵性瑫继承住持之位。然而隐元退而不休，每天依然要接待四方前来参谒问法的信众，并且给问道者写回信，依旧十分忙碌。到日本宽文十三年（1673 年）三月，隐元生了一场大病，日本社会各界来到万福寺慰问其病情的人络绎不绝。后水尾法皇也派使者前去慰问，并赐给隐元法师“大光普照国师”的称号。

深知自己病情的严重，隐元在病中写好遗书和偈颂，还给国内的福清黄檗寺僧众、护法居士写信，嘱咐他们“护念祖庭”。同年，隐元去世，时年 82 岁。日本社会和佛教界对这位从中国远道而来传法的高僧深表敬仰和怀念。

小知识◎日本黄檗山万福寺

隐元来到日本之后的第 7 年，创建了作为日本禅宗一派的黄檗宗的祖庭万福寺。日本黄檗万福寺在京都南郊的宇治市，周边环境优美，附近还有日本法门寺、醍醐寺，都是当地有名的寺院。万福寺用地原来是后水尾法皇生母的别墅，隐元担任第一任住持，当时他已经 70 岁了。隐元担任住持的时候，万福寺只盖好了山门，经过 8 年的营建，到了宽文九年（1669 年），万福寺大体完工，初具现在的规模。万福寺不同于其他日本寺院的唐代建筑风格，而具有自己的特色，因为它是依照福清的古万福寺来设计的，具有中国明末清初的寺院建筑风格。日本寺院原本的特点是山门、佛堂、法堂呈一条线，而万福寺则依次是山门、天王殿、大雄宝殿。日本寺院的山门、经堂是没有横额和对联的，而万福寺山门上则高挂横额“第一义”。此外，万福寺还将供僧侣们吃饭和睡觉的僧堂改为专事打坐、念经的禅堂。斋堂之中，采用了中国式的坐椅，这也是万福寺所独有的。万福寺的雕刻艺术可称一绝，具有喇嘛教风格的天王殿中的布袋和尚雕刻是其中的代表作。还有十八罗汉像、韦驮像、四大天王像，都具有中国明代的雕刻艺术风格。万福寺中还保留了许多名家字画，包括中国元代王振鹏的《五百罗汉图》、明朝陆治的《松图》、日本画家池田大雅的《罗汉图》。万福寺的建筑、雕刻、书画因为渊源于福清古黄檗，具有中国宋代之后的乡土文化气息，给日本的江户文化带来了许多新鲜内容，被日本史学界称为黄檗文化。至今，万福寺仍保存着许多中国佛教文化的传统习惯。对日本黄檗万福寺进行研究，对于研究中国明代佛教，特别是对禅宗的发掘，具有重要的意义。

8. 晚明佛教集大成者

——蕅益智旭

智旭（1599～1655年），净宗九祖。号蕅益，别号“八不道人”，俗姓钟，名际明，字振之，江苏吴县（在今江苏苏州）木渎人。

出家修行，四方游历

据传，智旭的父亲曾经持白衣观音咒祈子。智旭的母亲曾梦见观音菩萨怀抱孩子，之后生智旭。智旭小时候学习儒家经典，非常用功，因为读儒家书和崇尚理学而立志以继承千古圣学为己任，也因为此，他对于佛教的反对态度十分强烈，写了辟佛论数十篇。由于年少时的这种行为，造成了日后智旭即使出家为僧，也终生背负着沉重的谤佛罪障感。

智旭17岁时，因为阅读云栖袾宏的《竹窗随笔》等书，有所受益，思想上发生转变而不再谤佛，并将自己写的辟佛论全部烧掉。后来，智旭的父亲去世，他由于听闻《地藏本愿经》而萌发出世之心，开始每天念诵佛名。智旭 23 岁时听闻《首楞严经》，忽然有所领悟，至空生大觉，忽生疑不能得，于是在佛像面前发下四十八大愿，决心出家。由于在这个时候，明末四大高僧的前三位，紫柏真可已经圆寂，云栖祩宏也已经归隐，憨山德清在曹溪祖庭远游，而其余高僧虽善知识又不是智旭所仰慕的。因此，智旭从憨山的徒弟雪岭剃度。雪岭为这个慕憨山之名而来的新徒命名智旭，号素华，后来他自号蕅益，别号西有、八不道人等。

智旭聪明过人，但是在学佛的过程中，他经历了不小的转变。刚刚出家的时候，智旭受戒于云栖寺，坐禅于径山寺，精进修行，在悟境上有所体会。27 岁时，智旭开始遍阅律藏，有传播律学的想法，但到了第二年，他又有所转变，而趋向净土。智旭 30 岁时，发心并开始遍阅大藏。第二年，智旭因为传律所结下的缘分，结友游历数地并来到南京，更“决意宏律”。32 岁时，智旭打算注释《梵网经》，而最终抓阄决断钻研天台宗思想。在不长的数年间，智旭即遍历了由禅而净而戒而教，由阅律藏而阅大藏的修习变化。

智旭 33 岁时，迁入灵峰，此后，他还前往游九华、温岭、漳州、湖州、石城、祖堂等地，但灵峰最终成为智旭的根本止息地和修行道场。到了 56 岁时，智旭再次病归灵峰，转年正月在灵峰示寂。他的修行足迹，遍及江、浙、皖、赣、闽等许多区域。由于智旭经常深陷于疾病折磨的困境中，其修行之路大多时候充满着颠沛流离，过着极其艰苦的生活。但就是在这样困苦的行脚旅途中，智旭依然坚持勤奋著述，笔耕不辍，留下了令人叹为观止的丰富著作。

著作广博，融汇诸宗

智旭著作颇多，他的多数著作后来被门人整理成集，划分为“释论”和“宗论”两大类。其中，“释论”是智旭关于佛典经论的注释及辑要方面的著作，如《梵网合注》《阿弥陀要解》《楞严玄义》《楞伽义疏》《成唯识观心法要》《阅藏知津》《周易禅解》《四书注》等。“宗论”类则囊括了智旭其他方面的著述，如愿文、法语、杂文、书简等，被门人编辑成《灵峰蕅益大师宗论》。

智旭一生学涉广博，在佛学研究中所涉及的范围和深度都让人佩服，而且“学无常师，交无常友”，没有门户之见。从智旭自己来说，他认为佛教并没有什么高下。在执守门庭传承方面，他也采取轻视态度，对于门庭之间的争斗更是不屑。别号为“八不道人”，其中的“八不”也正体现出智旭心性高远和反对时弊习气的独立个性。

纵观智旭一生，不仅他的学习经历是先儒后释，而且在其出家后，智旭还禅解《周易》、注释“四书”，主张并大力宣扬儒、释、道三教同源。在佛家内典方面，智旭更是从 30 岁起便发心阅藏，最终不仅遍阅藏经，而且写了著名的《阅藏知津》等著作来阐发自己的卓然见解。在禅、净两方面，智旭都非常用功，而且立志“宪章紫柏可，祖述永明寿”，以前辈高僧为自己修学的榜样。因此，智旭的思想是对袾宏、真可、德清三人的综合与集成，调和禅教，归于净土。

在修行上，智旭提倡的主要是持名念佛法门，他把参禅、念佛、天台教观融合为一，而且归于净土之一念。而由于祖述多家，天台宗人将智旭视为天台宗人物，净土宗人将之视为净土传人。智旭的学说，综合禅教律而汇归净土，同时又融汇儒、释，是多面性的，因此智旭对后世的影响也是多方面的。

9. 清初国师
——玉林通琇

玉林（1614 ～ 1675 年），明末清初临济宗名僧，江苏省江阴人，俗姓杨，字玉林，又写作玉琳，法号通琇，在顺治帝时期赐号“大觉普济能仁国师”，世称玉林国师。

师于内廷

玉林禅师是清初一位具有传奇色彩的出家人。他 19 岁在宜兴磬山的临济宗禅师天隐圆修（？ ～ 1635 年）处受具足戒，后嗣其法，接临济宗法脉，此外曾住浙江武康报恩寺。顺治十五年（1658 年），玉林奉诏入京，在万善殿举扬大法，受“大觉禅师”封号。翌年，进封“大觉普济禅师”，顺治帝还赐给玉林紫衣。顺治十七年（1660 年），顺治帝挑选僧 1500 名，以玉林为本师，授菩萨戒，并加封玉林“大觉普济能仁国师”。

年轻的玉林，被当朝的天子顺治皇帝拜封国师以后，住在顺治皇帝特为他在西苑内建筑的精舍里面，声名荣耀。自从玉林荣封国师以后，智能悲心，日有所增。他日益感觉到自己的使命是弘法利生，而不是在皇宫里享受荣华富贵。经其多次要求，顺治帝终于同意玉林出宫游历。

玉林通琇禅师

清代线刻图，六十八世玉林通琇禅师。通琇（1614～1675 年），江阴（江苏省江阴市）人，俗姓杨，字玉林，世称玉林通琇，清初临济宗僧

云游四方

玉林离开皇宫以后，就过着“一钵千家饭，孤身万里游”的生活。他不以尊贵的身份自傲，也没有摆出国师的架子，而是以一支锡杖、一包衣单，周游名山大川，涉水登山，风吹日晒，坚持在广大民众中间说法讲经，很少有人知道他国师的身份。

玉林禅师在其一生之中，开堂说法近 40 年。他在内廷说法时，曾撰《客问》一篇，大学士金子俊奉敕作评注，并附序刊行之。晚年的玉林在浙江西天目山建“禅源寺”，并常住在这里，世人称为“临济狮子正宗派”。从玉林之后，禅源、金山、高旻、天宁等诸大丛林开始日趋兴盛。

康熙十四年（1675 年）秋，玉林在淮安慈云庵趺坐圆寂，年 62 岁，僧腊 43。清朝廷知道之后，颁发诏书指派大臣主持荼毗，并重修慈云庵。玉林的全身由其弟子奉龛回来，在西天目山建“法王塔”，保和殿大学士、礼部尚书王熙奉敕为其作塔铭。

玉林的法嗣曾经编写他的年谱 2 卷，法嗣行岳编有玉林的《语录》

禅源寺佛殿

禅源寺，位于浙江省临安市西天目山南麓昭明、旭日两峰之下。禅源寺开创者为玉林国师

12 卷，现行于世的是收入《龙藏》的 7 卷。雍正十三年（1735 年），雍正帝下诏改慈云庵为慈云禅寺，拨淮关银敕建大丛林，并建“国师殿”来纪念玉林国师。

小知识◎玉林国师的传说

由于玉林国师的人生充满传奇，民间产生了许多以其经历为题材的传说和文学作品。根据上柏古镇的民间传说，清顺治帝福临幼年时因受多尔衮的迫害，被迫逃出宫禁避祸，一直逃到江南的吴兴府（今湖州市）武康县之报恩禅寺，并拜当时的住持玉林通琇禅师为师，在寺内住了近两年。约顺治七年（1650 年）春，孝庄太后下诏天下，召福临回京重登帝位，玉林也因此成为国师。此外，台湾佛光山的星云大师写过小说《玉林国师》，并被改编成电视剧《再世情缘》，主要是讲述玉林出家之前与一位女子的累世情缘，但是玉林向佛之心坚定，终于斩断所有凡尘牵绊，精进修行，成为一代国师。

10. 雍和宫第一任堪布
——三世章嘉活佛

章嘉活佛是清代藏传佛教格鲁派最重要的活佛转世系统之一。三世章嘉活佛若必多吉（1717～1786年），生于甘肃凉州（今甘肃武威）。

转世活佛

三世章嘉活佛若必多吉，3岁时由五世班禅认定为二世章嘉活佛转世灵童，报清朝政府确定后，被迎至青海佑宁寺。雍正初年，三世章嘉活佛6岁时，青海蒙古亲王罗卜藏丹津叛乱，清朝大军进入青海镇压。在此过程中，寺庙被毁，喇嘛遭到伤害。在青海局势如此混乱之时，雍正皇帝急诏清军将领年羹尧将三世章嘉活佛送往北京。年羹尧立即下令对15岁以下儿童不得伤害，最后找到了已被僧人保护起来的小活佛。

三世章嘉活佛被送往北京后，雍正皇帝赐他享受前世章嘉活佛的一切礼遇。这时的三世章嘉活佛虽只有8岁，却广受京城民众敬仰。

据记载，当时的人们只要一见到章嘉活佛所乘的黄车过来，就争相把手绢铺在地上，让车轮从上面滚过，以此作为福运。

清代章嘉金身塑像

藏于内蒙古通辽市科尔沁博物馆。章嘉呼图克图，为中国清代掌管内蒙古地区喇嘛教格鲁派最大转世活佛

不仅如此，章嘉活佛的车还可以随便出入东华门，体现出清朝帝王对他的重视。三世章嘉与皇子弘历（也就是日后的乾隆皇帝），从小就相伴读书，二人结下很深的友谊。青年时期的三世章嘉，不但佛学造诣极深，而且精通满、汉、蒙、藏四种语言，备受雍正皇帝赏识。雍正九年（1731 年），雍正皇帝将内蒙古善因寺赐予三世章嘉。雍正十二年（1734 年），年仅 17 岁的章嘉·若必多吉被封为"灌顶普善广慈大国师"。雍正十三年（1735 年），三世章嘉护送远在里塘的七世达赖喇嘛返回西藏，当时 73 岁高龄的五世班禅先后为他授近事戒、沙弥戒和比丘戒。乾隆元年（1736 年），三世章嘉返回北京，已经登基的乾隆皇帝将掌管京城喇嘛事务的印信交给他，从此，三世章嘉成为了在蒙、汉、藏三地都很重要的活佛和僧官。

活佛与皇家寺院

乾隆年间，清政四大学院，并监修妙应寺、资福院及专供满族出家之人修行居住的正觉寺、功德寺、热河布达拉等九大寺，均由三世章嘉活佛订立寺院管理规则。乾隆帝还钦定雍和宫、汇宗寺、善因寺为收召蒙旗喇嘛安住颂经之所。

作为在广大蒙古地区颇有影响的大活佛，三世章嘉·若必多吉成为乾隆皇帝处理蒙藏事务的得力助手。乾隆年间，由于皇帝对藏传佛教的重视，政府广修藏传佛教寺院，三世章嘉不辞辛苦地亲自参与寺庙的计划和修建。雍和宫正是在他的策划和努力下完成了由行宫到藏传佛教寺院的重大历史转变，作为雍和宫第一任堪布，三世章嘉活佛在雍和宫最初的建制设立、管理等方面都做出了巨大贡献。

雍和宫寺院建成后，三世章嘉活佛亲自主持了雍和宫的开光仪式。乾隆皇帝对于雍和宫的皇家喇嘛庙寺院身份给予了极大支持，他命令三世章嘉活佛将皇室所藏从元以来历代所供的佛像、佛经、佛塔

雍和宫万福阁

又名大佛楼，位于北京市东城区雍和宫大街。乾隆十五年（1750 年）在原观音殿旧址上所建，歇山顶木结构建筑，分 3 层，高 23 米，以阁内供奉一尊通高 26 米的白檀香木雕弥勒佛像而闻名

等一一进行辨认、登记，用蒙藏两种文字标出名号，造册后呈进雍和宫。此外，承担雍和宫管理工作的大活佛都是由章嘉活佛亲自挑选的，雍和宫在清代乾隆年间发挥了巨大的功能，三世章嘉活佛在这一过程中功不可没。

雍正帝把雍和宫作为佛事活动的场所。1735 年，爱新觉罗·弘历即位，年号乾隆。乾隆帝一改清朝旧制，于同年 9 月将父亲的梓棺安放在雍和宫，雍和宫也因此结束了它整整 10 年的帝王行宫历史。其间，为迎棺椁，雍和宫主要建筑在 15 天内改覆黄瓦，雍正灵柩就安放在他当年的寝宫神御殿（今永佑殿）。

乾隆元年（1736 年）十月十一日，移棺易州西陵，此后，神御殿（永佑殿）则常年供奉雍正影像，这里也成为供奉清帝祖先的祠堂。

无量寿佛

位于北京市雍和宫永佑殿殿内

乾隆帝以后的各位皇帝，必须按“定制”每年最少来雍和宫礼佛三次，跪拜祖先。乾隆九年（1744 年），雍和宫正式改为藏传佛教寺庙。

广弘佛法

三世章嘉活佛在当时的政治、宗教、文化等方面发挥了重要作用。他的丰富著作为后世所瞩目。除译著大藏经《丹珠尔》《甘珠尔》外，三世章嘉还有《七世达赖喇嘛传》《五台山志》《宗派建立论》《藏文正字学》等著作。

另外，他还编著了《蒙藏合璧字典》《喇嘛神像集》《佛历表》等十几部经籍，对研究佛教史有着重要的参考价值。当时的乾隆皇帝还曾亲笔为章嘉活佛的一些著作写序。三世章嘉的文笔优美流畅，译著内容准确，无论在当时还是在后世，都备受人们称赞。其著作多次被译为外文，那些著作的原本现今珍藏于一些国家的图书馆内。

当章嘉活佛第一次陪同乾隆皇帝朝礼五台山时，他就被五台山的佛门圣地的气象吸引，向乾隆帝请求希望能够在每年夏天驻锡此地，得到了乾隆皇帝的允许。三世章嘉活佛在五台山的善财洞、金刚窟、菩萨顶等处都下榻过。后来在他的倡导下，在五台山修建了一处禅寺，名为“普乐院”，每年 4 月至 8 月，三世章嘉活佛便到此闭关修行。“普乐”二字就是乾隆皇帝亲赐的名字。

终其一生，乾隆帝对章嘉活佛的尊崇和支持都没有改变过。每到年节、传法、诞辰等重大日子，乾隆皇帝都会赐给三世章嘉活佛大量财物。三世章嘉活佛的 50、60、70 寿辰，乾隆帝都提前于上一个月的二十二日派内务府大臣送上贺礼。三世章嘉活佛 70 大寿庆典结束后，活佛就有一心归西的想法。他到五台山参加祈愿法会后，就写下了遗言，要求自己去世后不要保存遗体，火化后装入铜塔存放在五台山的镇海寺。

乾隆五十一年（1786 年）四月初二傍晚，三世章嘉活佛示寂，世寿 70。乾隆皇帝听到这个消息后，非常难过，下令用 7000 两纯金造了一座镶嵌无数珍宝的大塔，将活佛的遗体安放于塔瓶内，供奉在镇海寺。

乾隆皇帝为了悼念三世章嘉活佛，拨了大批银两，还为其建造了镏金银像，放于宫中供奉。他还按照三世章嘉活佛的遗愿，在五台山镇海寺造石塔，供奉活佛的舍利。

章嘉国师塔

位于山西五台山台怀镇海寺，清乾隆五十一年（1786 年）造，传为金井玉葬。塔周雕佛传故事，上部为四方佛像，周设廊屋，画十大明王和十二圆觉菩萨。十五世以后，历代章嘉皆到此避暑，蒙藏教徒朝山礼佛，多要到此，瞻仰活佛

小知识◎章嘉活佛

章嘉呼图克图与外蒙古的哲布尊丹巴呼图克图并称为蒙地两大活佛，也是与达赖喇嘛、班禅额尔德尼、哲布尊丹巴呼图克图齐名的藏传佛教四大领袖之一。相传，章嘉活佛第一世为阿罗汉达尊，生于印度，四世以前都转世在印度，五世以后转世在西藏和青海，根据章嘉呼图克图转世源流记载，共转世十九世，在清朝康熙皇帝册封以前，转世十三世。扎巴俄色被称为第十三世章嘉活佛，但在藏区通常把扎巴俄色

列为第一世章嘉活佛。二世章嘉呼图克图阿旺罗桑却丹，出生在青海湟中县达秀村。19 岁时，二世章嘉前往卫藏（西藏旧称）求法，10 年后声名大震。康熙帝册封其为“灌顶普善广慈大国师”，宣布“黄教之事，由藏东向，均归尔一人掌管”，让他总领内蒙古佛教事务。第三世章嘉活佛即为若必多吉。章嘉的正式称号被定为“管理京师寺庙喇嘛札萨克达喇嘛振兴黄教大慈大国师”。四世章嘉活佛益西丹毕坚赞（1787 ~ 1846 年），生于甘肃的扎拉通。嘉庆二十四年（1819 年）敕封其为“管理京师喇嘛班第札萨克达喇嘛”，按前世惯例掌京城、内蒙古、察哈尔、热河地区藏传佛教事务。

五世章嘉活佛益西丹毕尼玛（1849 ~ 1875 年）生于甘肃扎拉通。道光三十年（1850 年），在理藩院主持下，经过雍和宫金瓶掣签，并经道光帝御准认定。光绪元年（1875 年）冬天，五世章嘉活佛由五台山回京，暂住天宁寺时病故，世寿 26 岁，舍利送五台山镇海寺供奉。六世章嘉活佛罗布桑·丹森扎拉桑（1878 ~ 1888 年），转生于西宁附近的多隆基。1882 年 7 月 14 日，在理藩院的监督下，在雍和宫抽签选定，报光绪帝御准，即在当地拜师学经。1888 年 9 月 7 日，在多伦善因寺示寂，年仅 10 岁，舍利供奉于五台山镇海寺。七世章嘉名桑斋扎布（1891 ~ 1958 年），生于青海省一个藏族家庭。光绪二十五年（1899 年），8 岁的章嘉奉诏进京，驻锡嵩祝寺，光绪帝在内廷召见了他，受封继位为第七世章嘉呼图克图。1958 年 3 月 4 日，七世章嘉大师在台北台大医院安详圆寂。章嘉活佛转世系统至此完结。

图书在版编目（CIP）数据

持盈守成：明清时期佛教 / 熊江宁著. —郑州：中州古籍出版社, 2014.9
（华夏文库）
ISBN 978-7-5348-4808-7

Ⅰ. ①持… Ⅱ. ①熊… Ⅲ. ①佛教史 – 中国 – 明清时代
Ⅳ. ①B949.2

中国版本图书馆CIP数据核字（2014）第120216号

华夏文库·佛教书系
持盈守成：明清时期佛教

总 策 划　耿相新　郭孟良
责任编辑　贾保倩
责任校对　王　健
封面设计　新海岸设计中心
版式设计　曾晶晶
美术编辑　王　歌
责任印制　刘新毅
项目统筹　单占生　萧　红（执行）

出　版　中州古籍出版社
地址：河南省郑州市经五路66号
邮编：450002
电话：0371–65788693
经　销　新华书店
印　刷　河南新华印刷集团有限公司
版　次　2014年9月第1版
印　次　2014年9月第1次印刷
开　本　960毫米×640毫米　1 / 16
印　张　7.5印张
字　数　58千字
印　数　1–3000册
定　价　19.50元